Hanna Ruef-Bircher

Wie ein guter Hirte

*Ich widme dieses Buch meinem lieben Mann
und meiner ganzen Familie
mit Gross- und Urgrosskindern.
Ebenso allen Menschen, die Jesus lieben
oder noch auf der Suche
nach dem Sinn des Lebens sind.*

Hanna Ruef-Bircher

Wie ein guter Hirte

Eine Hirtin berichtet
aus ihrem Leben

EDITION WORTSCHATZ

Druck und Bindung des vorliegenden Buches erfolgten in Deutschland

Das verwendete Papier ist FSC-zertifiziert. Als unabhängige, gemeinnützige, nichtstaatliche Organisation hat sich der Forest Stewardship Council (FSC) die Förderung des verantwortungsvollen und nachhaltigen Umgangs mit den Wäldern der Welt zum Ziel gesetzt

Die Deutsche Bibliothek verzeichnet diese Publikation in der Deutschen Nationalbibliografie; detaillierte bibliografische Daten sind im Internet über www.d-nb.de abrufbar

Bibelzitate, soweit nicht anders angegeben, wurden der Bibel in der Übersetzung von Martin Luther in der Fassung von 1912 entnommen. © Deutsche Bibelgesellschaft, Stuttgart

Lektorat: Christiane Kathmann, Karlsruhe
Umschlaggestaltung: spoon design, Olaf Johannson
Umschlagbild und Bilder im Innenteil: privat
Bild Umschlagrückseite: YuriFineart/Shutterstock.com
Satz und Herstellung: Edition Wortschatz

© 2016 Hanna Ruef-Bircher

Edition Wortschatz Schwarzenfeld
ISBN 978-3-943362-33-6, Bestell-Nummer 588 855

Nachdruck und Vervielfältigung, auch auszugsweise, nur mit Genehmigung der Autorin

www.edition-wortschatz.de

Inhalt

Vorwort 9

Vorausgegangen 11
Denn er hat seinen Engeln befohlen über dir 13
Meine Schuldenlast 15
Wildfang 18
Das Himmelstelefon 20
Das Schlangengift 23
Die Rutschpartie 25
Schmerzen 27
Es wird Herbst 28
Ein kleines Schwesterchen 31
Winter 33
Bläcki 34
Zurück in die Berge 37
Ein unheimlicher Besucher 41
Heilung 42
Zurück auf der Alp 45
Ich bin bei euch alle Tage 47
Gefahr durch Unwetter und Felsen 50

Noldis Seilbahnfahrt	52
Das Kälbchen	53
Schneeflöckchen	56
Wie ein Lamm, das zur Schlachtbank geführt wird	58
Bäris Tod	60
Die Uhr	63
Der trockene Sommer	66
Freude und Leid	67
Dunkle Mächte	71
Das Vorbild meiner lieben Mutter	73
Eine harte Lehre	78
Der Kopfsalat	82
Lehre mich glauben, Herr!	84
Ziegen in Not	85
Schweine auf der Alp	89
Heimliche Flucht	91
Zum letzten Mal auf der Alp	93
Der Trotzkopf einer Ziege	95
Gefährliche Felsen	97
Verstiegen	99
Abschied von der Alp	102
Schmutzige Zicklein	103
Hört ihr des Hirten Stimme so bang?	106
Hochsitz in der Tanne	108
Brita	111
Wie Gott führt	113
Der letzte Tag auf dieser Erde	114

Nicht auch mein zweiter Sohn! 118
Mit den Nerven am Ende 120
Meine Rückenschmerzen 123
Wer anderen hilft, wird selber froh 126
Die verlorene Brille..129
Michaela 131
Wie ein Edelstein...135

Nachwort..*139*
Danksagung *141*

VORWORT

Ich wuchs mit meinen Geschwistern am Hasliberg im Berner Oberland auf. Die Sommer verbrachte ich oft auf der Alp, wo wir Ziegen und Kühe hüteten und Käse herstellten.

Sonntags musizierten wir meistens alle zusammen. Vater spielte zu Hause am Harmonium, Mutter hatte eine Mandoline, Noldi eine Handharmonika, Rösli und Erika spielten Flöte, Lisabeth Geige und ich auf meiner Gitarre. Dazu sangen dann meine Eltern, Hans und ich.

Auf der Alp erlebte ich hautnah, was einen guten Hirten ausmacht und wie Tiere auf einen guten Hirten reagieren. Ich merkte, dass Gott mein guter Hirte ist, der mich in Not und Gefahr bewahrt, Hilfe und Heilung schenkt, aber manchmal auch Leid und Schwierigkeiten zulässt.

Die Erfahrungen, die ich gemacht habe, möchte ich gerne mit Ihnen teilen. Ich wünsche Ihnen viel Freude beim Lesen des Buchs und neues Vertrauen in den Hirten, der immer das Beste für uns will.

Vorausgegangen

Meinen Eltern wurden acht Kinder geschenkt. Mein ältester Bruder Arnold, meine Schwester Rösli, Hansi, dann ich, meine Schwestern Erika und Lisabeth, Hans-Rudolf, ebenfalls Hansi genannt, und Berteli. Hansi wurde schon bald nach der Geburt zu seinem Schöpfer in die ewige Heimat abberufen. Obwohl meine Eltern wussten, dass er nun an einem besseren Ort war, tat es ihnen doch sehr weh, dass er nicht mehr bei ihnen war.

Wie gut konnte ich meine liebe Mutter verstehen, wenn ihr beim Erzählen von meinem Bruder ab und zu eine Träne die Wangen hinunterlief. Doch sie sagte uns, dass ihr Hansi uns allen nur vorangegangen sei. Gott hatte ihn heimgetragen, wie ein Hirte ein junges Lämmlein auf den Armen nach Hause trägt. Wir würden ihn im Himmel wiedersehen.

Mich wunderten ihre Worte sehr und ich fragte mich, woher sie das so sicher wissen konnte. Ich zweifelte keinen Moment daran, dass meine Mutter das nicht nur sagte, um uns zu trösten, sondern dass sie das wirklich glaubte. Wie gerne wollte ich hinter ihr Geheimnis

kommen und auch so sicher sein, dass ich nach meinem Tod in den Himmel kommen und dort meinen Bruder kennenlernen würde!

Zu dieser Zeit besuchten wir alle die Sonntagsschule. Da lernten wir etliche schöne Lieder. Die Lehrerin erzählte uns so viele spannende Geschichten aus der Bibel, dass ich manchmal fast vergass, wo ich mich eigentlich befand. Danach konnte ich kaum glauben, dass die Stunde schon um war und wir wieder nach Hause gehen mussten.

So bekam ich bereits in meiner Kindheit viel von Gottes Wort, der Bibel, mit. Es sollte aber noch einige Jahre dauern, bis ich ganz bewusst mein Leben Jesus Christus übergab.

Denn er hat seinen Engeln befohlen über dir

Schon als kleines Kind lernte ich beten. Unsere Mutter betete immer vor dem Essen und vor dem Schlafengehen mit uns. Das blieb auch so, als wir älter wurden. Und sie betete auch oft für uns, wobei ich vielleicht von meinen Geschwistern den Schutz Gottes am nötigsten hatte.

Mit etwa vier Jahren erlebte ich zum ersten Mal, wie Gott mein Leben bewahrte. Ich war mit meiner Grossmutter zu Besuch bei ihren beiden Schwestern in Turgi im Kanton Aargau. Ganz nah an ihrem Haus fuhr die Eisenbahn in Richtung Waldshut vorbei. Für mich war das etwas ganz Neues, denn am Hasliberg, wo ich aufwuchs, gab es keinen Zugverkehr. Deshalb stieg ich eines Tages, als Grossmutter mit Kartoffelschälen beschäftigt war, den kleinen Hügel hinauf und auf die Bahnschienen. Dort lagen viele kleine Steine, mit denen ich spielen wollte.

Auf einmal pfiff die Lokomotive, aber ich blieb einfach sitzen, während der Zug auf mich zu fuhr. Ich wollte wohl schauen, ob die Eisenbahn mich überfahren würde oder nicht. Etwa zwei Meter vor mir kam sie zum Stehen, der Lokführer stieg aus und trug mich von den Schienen. Er ermahnte mich, das nie wieder zu tun.

Hier waren Engel Gottes am Werk, wie es der Psalmdichter beschreibt: „Er hat seinen Engeln befohlen, dass sie dich behüten auf allen deinen Wegen!" (Psalm 91,11).

Das Pfeifen der Lokomotive hatte meine Grossmutter alarmiert. Sie kam eiligst zu mir gelaufen und es setzte einige Schläge auf den Hintern ab. Zur Strafe musste ich ausserdem beim Kartoffelschälen helfen, was mir gar nicht gefiel.

Meine Schuldenlast

Etwa in diesem Alter hatte ich sehr viel Fantasie. Ich träumte von Ereignissen, von denen ich wollte, sie wären wahr. Je mehr ich es mir wünschte, umso realer wurden sie für mich und ich begann, anderen von all diesen Dingen zu erzählen, die gar nicht wirklich waren. Das ging ein paar Jahre so weiter. Doch dann kam ein starkes Schuldgefühl in mir auf, ich wusste ja, dass Lügen falsch war, und ich konnte es eines Tages nicht mehr aushalten. Ich litt unter der grossen Schuld, die ich mir auferlegte, und fand keinen Frieden mehr, so sehr ich mich auch anstrengte und so viele Tränen ich auch vergoss.

An einem Abend lag ich allein und verzweifelt im Bett und weinte sehr. Auf einmal ging ganz unverhofft die Tür auf und meine älteste Schwester Rösli trat zu mir. Sie setzte sich auf mein Bett und fragte: „Was in aller Welt hast du denn? Warum bist du denn so traurig?" Woher sie wusste, wie es mir ging, bevor sie mich weinen gesehen hatte, weiss ich bis heute nicht.

Schluchzend schüttete ich Rösli mein Herz aus und sagte ihr, wie sehr ich all meine Schwindeleien bereute und dass ich mit dieser Last nicht mehr leben wollte. Sie tröstete mich und sagte: „Sieh, dafür ist gerade der Heiland da! Er starb am Kreuz und nahm alle Schuld auf sich, damit wir frei werden können von unserer Sündenlast, die uns so schwer drückt! Du musst es nur dem Herrn Jesus bekennen und ihm danken, dass er auch für deine Schuld gestorben ist."

Ich folgte dieser Aufforderung sehr gerne. Als dann auch noch meine Schwester für mich betete und mich liebevoll in ihre Arme schloss, da war mir auf einmal so leicht ums Herz, dass ich die ganze Welt hätte umarmen können. Dieser Friede und diese Freude waren so herrlich, dass es mir war, als hätte ich einen schweren Rucksack abgelegt. Ich dankte meiner Schwester von ganzem Herzen.

So erfuhr ich das, was in der Bibel zum Thema Vergebung steht: „Wenn wir aber unsre Sünden bekennen, so ist er treu und gerecht, dass er uns die Sünden vergibt und reinigt uns von aller Ungerechtigkeit!" (1. Johannes 1,9).

John M. Moore beschreibt in seinem Lied wunderbar treffend, wie ich mich damals fühlte.

Ist dein Herz voll Sorgen und Schmerz[1]

Ist dein Herz voll Sorgen und Schmerz,
die bedrücken dein Herz?
Lasten, sie fallen auf Golgatha,
Jesus ist immer nah.

---

[1] Originaltitel: *Burdens Are Lifted At Calvary.* Text und Musik: John M. Moore, dt. Text: Unbekannt. © 1952 New Spring. Für D,A,CH: Small Stone Media Germany GmbH.

*Lasten, sie fallen auf Golgatha, Golgatha,
Golgatha,
Lasten, sie fallen auf Golgatha,
Jesus ist immer nah!*

*Er hilft dir, vertraue auf ihn,
gib dich völlig ihm hin.
Lasten, sie fallen auf Golgatha,
Jesus ist immer nah.
Lasten, sie fallen auf Golgatha, Golgatha,
Golgatha,
Lasten, sie fallen auf Golgatha,
Jesus ist immer nah!*

*Alle, die vertrauen auf ihn, bringt er sicher
zum Ziel:
Lasten, sie fallen auf Golgatha,
Jesus ist immer nah.
Lasten, sie fallen auf Golgatha, Golgatha,
Golgatha,
Lasten, sie fallen auf Golgatha,
Jesus ist immer nah!*

Wildfang

Zu Hause mussten wir immer mit Hand anlegen, sei es beim Treppen wischen oder Kochen. Unser Vater verstand dabei keinen Spass. Wenn wir am Samstag die Arbeit, die getan werden musste, vergassen, musste sie halt am Sonntag nachgeholt werden. Er glaubte, das sei die beste Art, Verantwortung zu lernen.

Im Sommer ging meine Mutter oft mit uns Heidelbeeren pflücken. Meine Mutter war schnell im Pflücken, doch sie schaffte es selten, vor mir einen vollen Becher in den Kessel zu leeren. Darauf war ich sehr stolz, ich dachte mir, dass das vielleicht damit zu tun hätte, dass ich ein Sonntagskind war.

Doch diese Idee verwehte schnell wie der Wind, denn ich hatte einen Unfall nach dem anderen. Vielleicht lag dies daran, dass ich sehr temperamentvoll war. Für ein Mädchen in meinem Alter unternahm ich alles Mögliche, was damals sonst nur Knaben taten, ich erklomm Felsen und Bäume und fiel manches Mal auch hinunter. Höhlen Erforschen gehörte zu meinen Lieblingsbeschäftigungen. Es verging selten ein Tag, an dem ich nicht mit einem Kratzer oder einer Schramme nach Hause kam, oft hatte ich blutige Knie oder Hände und auch mein Kopf musste häufiger hinhalten. So manches Mal musste die Mutter mit mir zum Arzt, um eine Schramme nähen zu lassen. Doch jedes Mal wurde ich bewahrt, sodass mir nichts Ernsteres geschah. Mochte das wohl mit den Gebeten meiner Mutter zusammenhängen? Ich wusste, dass sie jeden Tag für uns alle betete, aber für mich war das damals einfach Glück, wie ich es stets nannte, man musste eben Glück haben.

Meine Unternehmungslust brachte meine Eltern dazu, meine überschüssige Kraft praktisch einzusetzen. Mit sieben Jahren nahm mein Vater mich zum ersten Mal mit auf die Alp, die wir wie jeden Sommer mit unseren Ziegen bestiegen. Mein Bruder Arnold, Noldi genannt, und ich blieben dann meistens allein da oben. Vater musste zu Hause heuen und auch das Bergheu musste in unsere Heudiele gebracht werden, denn die Ziegen brauchten auch im Winter Futter.

Ich freute mich, dass ich auf der Alp bleiben konnte, denn das Heuen war nicht meine Stärke. Hier oben hiess es nun, Ziegen melken und Käse herstellen und auf das Grossvieh aufpassen, damit es nicht einen Abgrund hinunterfiel. Anfangs übernahm mein Bruder Arnold die schwierigeren Aufgaben und ich half ihm dabei.

Damals hatten wir noch keine Käsekulturen und so hatten wir oft geblähten Käse. Doch der schmeckte uns auch, denn wir hatten ja keinen anderen. Mein Vater sagte immer: „Hunger ist der beste Koch!", und das war in der Tat so. Vater hatte immer recht. Ehrfürchtig sah ich zu ihm auf und fragte mich manchmal, woher er das wohl alles wusste.

Das Himmelstelefon

Im Jahr 1950 verbrachte mein ältester Bruder Arnold, der damals vierzehn Jahre alt war, mit mir den Sommer auf der Alp Unterbalm, die etwa zwei Stunden Fussmarsch von zu Hause entfernt war. Ich war mit meinen acht Jahren zum ersten Mal auf dieser Alp. Es gefiel mir gut dort, mit unseren vielen Tieren, den Ziegen, Schafen, Rindern und Schweinen. Wir machten selber Ziegenkäse und auch Zieger,[2] frisch und geräuchert. Ich schaute meinem Bruder dabei gut zu, denn ich wollte auch selber einmal käsen.

Die Gelegenheit dazu kam schneller als erwartet. An einem Tag brachte mein Vater uns Lebensmittel. Am nächsten Tag wollte er wieder zu Hause sein, um mit dem Heuen zu beginnen. Deshalb verabschiedete er sich schon nach kurzer Zeit von uns und ging wieder ins Tal. Als es Abend wurde, klagte mein Bruder über Bauchschmerzen und schickte mich los, um die Ziegen zu holen, da er wegen der Schmerzen nicht mehr im Stande war, selbst zu gehen. Ich holte die Ziegen und musste sie dann alleine melken, weil mein Bruder im Bett lag und laut jammerte.

Ich ging auch bald ins Bett, doch an Schlaf war nicht zu denken. Das Jammern meines Bruders ging bald in lautes Stöhnen über. Wir wussten uns nicht zu helfen.

---

2   Quarkkäse.

Da wir keine Medikamente hatten und es zwei Stunden dauerte, nach Hause zu laufen, hofften wir, dass es bis zum Morgen besser werden würde.

Doch meinem Bruder ging es immer schlechter. Ich wusste, dass etwas geschehen musste, aber ich hatte keine Ahnung, was ich tun sollte. Auf einmal fiel mir ein, was unsere uns Mutter gelehrt hatte. Ich wollte beten und den Heiland bitten, diese Sache in die Hand zu nehmen. Das tat ich auch und glaubte nun die ganze Situation in guten Händen. Als der Morgen endlich anbrach, war ich froh, doch die Schmerzen meines Bruders waren ins Unermessliche gestiegen.

Nun musste ich erneut die Ziegen suchen, um sie zu melken und danach den Käse und den Zieger herzustellen. Ich hatte diesen Auftrag herbeigesehnt, doch nun schien mir die Zeit, in der ich meinem Bruder dabei zugesehen hatte, zu kurz, um alles richtig machen zu können.

Ziegen werden nicht gerne nass. Da es regnete, waren sie irgendwo untergeschlüpft und ich suchte sie sehr lange. Als ich sie endlich unter einem Felsen fand, kehrte ich mit ihnen zur Hütte zurück, um nach meinem Bruder zu sehen. Doch sein Bett war leer und so sehr ich auch rief und suchte, ich fand Arnold nicht. Schliesslich fiel mein Blick auf den Tisch. Dort fand ich zu meinem Erstaunen eine kurze Notiz von unserem Vater. Er schrieb, dass er meinen Bruder ins Spital nach Meiringen bringen und dann am Abend wiederkommen wolle.

Erleichtert machte ich mich an die Arbeit. Der Käse gelang mir gut und auch der Zieger machte mir keine grosse Mühe. Dann aber musste das Käsekessi[3] gereinigt werden. Es erschien mir viel zu gross und ich dachte, dass ich das nie schaffen würde. Aber bis zum Mittag war ich auch mit dieser Arbeit fertig und wartete nun mit grosser Sehnsucht auf den Vater.

Endlich wurde es Abend und ich sah ihn im Arni-Wald den Weg heraufkommen. Als er bei der Hütte ankam und mich in seine Arme nahm, war ich sehr glücklich. Er erzählte mir, dass mein Bruder sofort operiert worden war, da er einen geplatzten Blinddarm gehabt hatte. Er hätte den Tag ohne ärztliche Hilfe wohl nicht überlebt. Nun blieb mein Vater bei mir, bis mein Bruder wieder gesund war. Erst viel später erzählte er mir, was in jener Nacht zu Hause passiert war und weshalb er so früh zu uns auf die Alp gekommen war.

Mein Vater war mitten in der Nacht aufgewacht und hatte den Drang verspürt, sofort auf die Alp zu gehen. Er hatte meine Mutter geweckt und es ihr mitgeteilt, doch meine Mutter meinte, er sei ja erst oben gewesen und solle doch wenigstens warten, bis es hell würde. Aber um vier Uhr hielt mein Vater es nicht mehr länger aus und machte sich bereit, um zu uns aufzusteigen.

---

3   Kupferkessel für die Käseherstellung.

Deshalb war er schon so früh bei uns gewesen, gerade noch rechtzeitig!

So durfte ich schon mit acht Jahren erfahren, wie sich das Wort aus den Psalmen bewahrheitet: „Rufe mich an in der Not, so will ich dich erretten und du sollst mich preisen" (Psalm 50,15).

Das Schlangengift

Etwa ein Jahr später, es war auch im Sommer, befahl mir mein Bruder, die Ziegen zum Melken in den Stall zu holen. Diese waren hinter der Hütte auf dem Steinhaufen, der zum Schutz gegen die Lawinen gebaut worden war. Als ich hinaufkletterte, spürte ich auf einmal einen Stich am Ringfinger der rechten Hand. Ich dachte, ich hätte mich an einem Stein gestossen und kletterte weiter, doch – o Schreck – da lag eine Viper, von denen es hier oben viele gab, gerade vor meinem Gesicht. Nun wusste ich, wer mir diese kleine Wunde zugefügt hatte. Ich fing vor Schreck lauthals an zu weinen und sprang zu meinem Bruder. Er schnitt mit seinem Sackmesser eine grössere Wunde in meinen Finger und schnürte mir das Handgelenk ab. Er erklärte, dass der Lehrer ihnen das so beigebracht hätte.

Arnold schickte mich dann mit meinem Cousin nach Hause und befahl ihm, er solle aufpassen, dass ich unterwegs nicht einschlief. Doch als wir in Weissenfluh ankamen, überfiel mich eine solche Müdigkeit, dass ich mich einfach hinlegte und sofort einschlief. Auf einmal weckte mich ein Mann, der ein Motorrad hatte. Er sagte: „Du darfst jetzt nicht schlafen, ich fahre dich nach Hause."

Das tat er dann auch. Es dauerte aber sehr lange, bis der Arzt Bescheid wusste, das Gegengift organisiert war und der Mann mit dem Motorrad mich nach Meiringen in das Spital gebracht hatte. Das Gegengift musste mit einem Flugzeug gebracht werden. Als ich schliesslich vom Arzt das Antidot bekam, schwand mein Bewusstsein.

Erst einige Zeit später kam ich wieder zu mir. Zu meinem Erstaunen sah ich meinen Vater weinend an meinem Bett stehen. „Warum weinst du denn?", fragte ich. Da sagte er mir, dass er geglaubt hätte, dass ich nie wieder erwachen würde. Ich habe ihn dann mit meinem kindlichen Sinn getröstet und geantwortet: „Wenn man schläft, so erwacht man doch immer."

Heute weiss ich, dass sich hier offenbar Engel, Gottes Geheimagenten, auf sein Geheiss um mich gekümmert haben. Ich sollte noch nicht in die Herrlichkeit gehen.

„Meine Gedanken sind nicht eure Gedanken, und eure Wege sind nicht meine Wege", so spricht der Herr in Jesaja 55,8.

Die Rutschpartie

An einem heissen Sommertag mussten wir unsere Rinder in den Stall bringen, wo sie vor lästigen Insekten geschützt waren. Gegen Abend bat mich mein Vater, die Rinder nun hinauszulassen. Danach sollte ich den Stall sauber machen. Die Ziegen durfte ich dabei nicht aus den Augen lassen, da sie sonst hinauf auf die obere Alp gehen würden, um zu fressen. Dann würden sie die ganze Nacht oben bleiben, ohne vorher gemolken worden zu sein.

Ich war so in meine Arbeit vertieft, dass ich gar nicht mehr auf die Ziegen achtete. Auf einmal hörte ich meinen Vater rufen: „Wo sind die Ziegen?" Erschrocken blickte ich auf und sah, dass die Ziegen sich schon ziemlich weit von der Hütte entfernt hatten. Vater forderte mich auf, sie zurückzuholen. Ich versuchte ihnen nachzulaufen, doch wer die Schnelligkeit der Ziegen kennt, der weiss, dass man sie kaum einholen kann, erst recht, wenn man noch keine zehn Jahre alt ist. Die Ziegen liefen und liefen hinauf bis auf die Planplatten.

Unterdessen wurde es dunkel. Als ich bei den Ziegen angelangt war, wusste ich, dass ich keine Chance hatte, mit ihnen hinabzusteigen, denn Ziegen haben die Angewohnheit, die Nacht dort zu verbringen, wo sie gerade sind.

Ich war ratlos, denn ich wollte meinen Vater nicht enttäuschen. Während ich überlegte, was nun zu tun sei, hörte ich von der unteren Alp meinen Bruder rufen:

„Komm ohne die Ziegen runter, die kommen morgen schon von selber, wenn die Euter drücken."

Bekanntlich wählen Ziegen keinen von Menschen angelegten Weg. Da es inzwischen ganz dunkel war, sah ich nicht mehr, wo ich hinaufgelaufen war. Ich ging also ungefähr da, wo ich meinte, auch aufgestiegen zu sein. Das stellte sich nach kurzer Zeit als äusserst gefährlich heraus. Ich wusste, dass unter mir ziemlich viele Felsen waren. Auf einmal verlor ich mit meinen Gummistiefeln den Halt und rutschte auf dem Hintern bergab. Als meine Reise endete, stellte ich fest, dass ich schon auf der unteren Alp war. So schnell hatte ich das bisher noch nie geschafft!

Ich lief rasch zur Hütte, wo mein Bruder auf mich wartete. Er schaute mich ganz verwundert an und fragte: „Wie bist du denn so schnell da hinuntergekommen?"

Ich erzählte es ihm und er konnte nicht glauben, dass ich bei dem Rutsch keine Verletzung davongetragen hatte. Es war ein Wunder! Wenn ich die Stelle heute betrachte, kann ich nur staunen, dass ich ohne Verletzung im Dunkeln heil von dort heruntergekommen bin, denn es gibt dort einige Stellen, wo man richtig klettern muss, um hinauf- oder hinunterzukommen.

Bei der Erinnerung an dieses Erlebnis kommt mir ein Lied in den Sinn, in dem es heisst:

„Steh ich auch an Abgrunds Rande,
wo man fürchtet hinzuschauen.

Welch ein treuer Freund ist Jesus,
der uns immer hilft so gern"

(Aus: „Dich erfass ich, o Herr Jesus" von Elise Schlachter)

Schmerzen

Als meine Schwester älter wurde, kam sie im Sommer mit auf die Alp. Nun waren wir zu dritt, mein ältester Bruder Arnold, Erika und ich.

An einem Abend erklärte Noldi, dass er in dieser Nacht nicht schlafen, sondern mit der Hutte Kuhmist austragen werde. Obwohl er die ganze Nacht arbeitete, wurde er nicht fertig. Als der Morgen graute, kam er müde herein und sagte, dass nun wir unseren Teil der Arbeit übernehmen sollten. Daher machten wir uns nach dem Melken und Käsen auf, um den Kuhmist auf die Wiesen zu tragen. Noldi baute uns einen Kasten, der aussah wie eine Sänfte, und lud dann den Mist für uns in den Kasten.

Als wir zwei die Trage aufnahmen, knackste es in meinem Rücken und ein Schmerz durchzuckte mein Bein, das nun wie Feuer brannte. Mein Bruder dachte, ich wolle mich vor der Arbeit drücken, und forderte mich auf, sofort aufzustehen und weiterzumachen. Wie ich mit diesen furchtbaren Schmerzen auf die Beine kam und den Mist austrug, weiss ich heute nicht mehr.

Damals ahnte ich noch nicht, dass ich es mit genau diesen Schmerzen vier Jahre lang würde aushalten müssen. Das Schlimmste war, dass der Arzt, zu dem mich mein Vater brachte, nichts finden konnte. Er meinte, dass die Schmerzen seelische Ursachen hätten und ich nur die Aufmerksamkeit auf mich lenken wolle. Mein Vater sollte lediglich darauf achten, dass ich nicht immer so gebückt ginge.

Es kam nun des Öfteren vor, dass ich am Sonntag nicht mehr mit der Familie weggehen wollte. Da blieb ich dann eben zu Hause und weinte. Zu all dem kam noch ein Schlangenbiss von einer Viper hinzu, denn unsere Alp war ein Schlangenparadies. Ein Sonntagskind und so viel Leid, wie sollte das enden?

Es wird Herbst

Im Sommer hatten wir immer drei Monate Schulferien, dazu bekamen wir noch die sogenannte Alp-Dispens, bis wir mit dem Vieh zurück im Tal waren. Mir wurde es immer sehr wehmütig ums Herz, wenn es galt, Abschied zu nehmen. Doch das Gras und die Blätter wurden gelb

und boten keine gute Nahrung mehr für so viele Tiere. Da sang dann der Vater immer mit uns das schöne und doch traurige Volkslied „Kühreihen zur Abfahrt von der Alp" von Gottlieb Jakob Kuhn: „Ach, wie churzen üsi Tage! Ach, wie flieht die schöni Zyt!" Unser Vater hatte eine wunderbare Bass-Stimme, meine Schwester sang die erste und ich die zweite Stimme.

Unsere eigenen Ziegen blieben noch eine ganze Weile auf der Alp, nachdem die fremden Tiere schon abgeholt worden waren. Daher mussten meine Schwester und ich nach der Schule zur Unterbalm-Alp hoch, um die Ziegen zu melken. Morgens früh um fünf Uhr rasselte unser Wecker, den wir jeden Abend von Hand aufziehen mussten. Nun galt es, schnell zu machen, denn wir durften ja nicht zu spät zur Schule kommen. Melken war als Erstes angesagt, dann hiess es, die Ziegen laufen lassen, bis wir am Abend nach der Schule wieder zur Stelle waren. Als Letztes galt es, den Stall zu wischen.[4]

Manchmal regnete es so stark, dass wir beide im Nu klatschnass waren, doch das machte uns nichts aus. Wir waren das gewöhnt und kannten nichts anderes, denn einen Regenschutz hatten wir nicht. Froh und getrost machten wir uns singend auf den Heimweg. Die Milch von den Ziegen trugen wir in zwei Kesseln nach Hause. Wir waren mit uns und der ganzen Welt zufrieden.

Einmal erwachte ich sehr früh und schaute auf den Wecker, doch, o weh, wir hatten wohl vergessen, ihn aufzuziehen. Nun wussten wir nicht, wie viel Uhr es war. Wir beschlossen, besser gleich aufzustehen und die Arbeit zu verrichten, denn wir wollten lieber zu früh als zu spät zur Schule kommen. Wir merkten aber bald, dass wir viel zu früh dran waren, denn es blieb noch lange dunkel. Erst als wir fast zu Hause waren, dämmerte es. Das Schöne an diesem Morgen war, dass wir uns noch für eine Stunde in unsere Betten legen durften, ehe wir zur Schule mussten, denn es war erst sechs Uhr.

---

[4] Schweizerdeutsch für „fegen".

Ein kleines Schwesterchen

Als unsere Grossmutter wieder einmal nach einem Besuch nach Hause kam und den Koffer auspackte, sahen meine jüngere Schwester Erika und ich, wie zwei herzige kleine wollige Finklein[5] zum Vorschein kamen. Da wurde in uns der Wunsch nach noch einem kleinen Schwesterchen geweckt. Wir fragten die Mutter, wie es möglich sei, dass so ein kleines Kindlein auf die Welt komme, und sie antwortete: „Die Kinder sind ein Geschenk Gottes."

Das nahmen wir so an und machten uns sogleich in unserem Zimmer an die Arbeit. Wir richteten ein Bettlein her und machten für das Kleine jeden Abend eine Wärmflasche, damit es, wenn der liebe Gott es uns bringen würde, das Bettlein warm vorfinden würde. Wir beteten jeden Abend für das Kindlein und baten Gott, es in der kommenden Nacht zu bringen. Zu diesem Zweck musste das Fenster offen bleiben, damit der liebe Gott zu uns hereinkommen konnte. Es war etwa Ende Oktober und recht kalt, deshalb kuschelten wir uns umso mehr unter unsere Decken.

Wir wurden uns einig, dass eine von uns das Kind die Treppe hinuntertragen durfte, wenn es am Morgen da wäre, und die andere es dann der Mutter bringen sollte. Da ich die Ältere war, wollte ich die Treppe überneh-

---

5   Gestrickte Babysöckchen.

men, weil das die gefährlichere Strecke war. Wir stellten uns Mutters Gesicht vor, wenn sie unsere Kleine zum ersten Mal in den Armen halten würde. Wie würde unsere Mutter Augen machen! Es war zu schön, diese Gedanken weiterzuspinnen. Doch es vergingen Tage und Nächte und nichts geschah.

Nach mehreren Wochen kam am 24. November unsere ältere Schwester Rösli ganz ausser Atem zu uns ins Zimmer. Sie lud uns ein, zur Mutter zu kommen, um uns das neue Schwesterchen anzuschauen. Wie der Blitz sausten wir aus unseren Betten und gingen zu Mutter ins Schlafzimmer, wo wir in dem kleinen Bettlein unser neues Schwesterlein begrüssten. Wir glaubten, der liebe Gott habe vielleicht gedacht, dass es zu gefährlich wäre, uns das Kindlein zu bringen, da es auf dem Weg zur Mutter hätte zu Boden fallen und sich verletzen können. Deshalb hatte er es direkt zur Mutter gebracht, aber unser Gebet war erhört worden und wir waren mehr als nur zufrieden. Damals war ich elf Jahre alt.

Winter

Bevor es kalt wurde und der Winter Einzug hielt, holten wir unsere Ziegen nach Hause. Ehe der Schnee alles in seinen weissen Mantel hüllte, war es meistens meine Aufgabe, nach der Schule mit den Ziegen auf die weiter unten liegende Weide zu gehen. Hier verweilte ich sehr gerne mit meinen Tieren. Ich kletterte auf die Bäume und holte die noch nicht ganz verwelkten Blätter herunter, damit die Ziegen sie fressen konnten. Den ganzen Nachmittag durchstreiften wir Wiesen und Wälder, es ging durch Dickicht und über Felsen bis zum Abend. Zu Hause angelangt erhielt ich ein Lob von meinem Vater, denn die Ziegen gaben nach so einem reich gedeckten Tisch in der Natur sehr viel Milch. Das machte mich stolz.

Im Winter genossen die Ziegen es, im warmen Stall zu sein. Meine Schwester und ich sollten auf Mutters Geheiss einer Kinderstunde zuhören, die im Radio lief. Doch da es draussen noch hell war und viel Schnee lag, beschlossen wir, noch eine Schlittenfahrt zu machen. Leise schlichen wir aus dem Haus und flugs waren wir mit den Schlitten weg.

Der Schnee war teilweise schon ein wenig faul[6], besonders hinter dem Zaun, den wir überfahren muss-

---

6   Matschig.

ten. Doch das ahnten wir nicht. Meine Schwester fuhr zuerst nach unten und ich folgte ihr gleich darauf. Aber, o Schreck, ich blieb mit einem Bein hängen und wirbelte mitsamt dem Schlitten durch die Luft. Unsanft landete ich im Schnee. Mein Arm lag verdreht auf der falschen Seite. Der Ellenbogen war ausgerenkt. Als ich das sah, fing ich an zu weinen. Wäre ich doch lieber vor dem Radio sitzen geblieben!

Mein Vater schiente den Arm und fuhr mich dann warm eingepackt auf dem grossen Heuschlitten nach Meiringen ins Spital. Ich erhielt eine Narkose, und als ich wieder erwachte, lag mein Arm im Gips. Nun war der Wildfang vorerst einmal gebändigt.

Bläcki

Nach einer Zeit, die mir wie eine Ewigkeit erschien, kam endlich der Frühling und die ersten Krokusse streckten ihre schönen, farbigen Köpfchen der warmen Sonne entgegen. Zu dieser Zeit war auch mein Arm wieder geheilt. Schon bald würden wir zur geliebten Alp hochsteigen. Auf diese Zeit freute ich mich ganz besonders, ebenso meine Ziegen. Ich konnte es an ihrem Verhalten sehen, denn ich kannte sie sehr gut. Wir hatten den gleichen Wunsch, freies Herumtoben war für uns das Schönste.

Zuerst aber musste ich die Ziegen wieder auf die untere Weide treiben. Vater kaufte noch ein paar Schafe dazu, die ich ebenfalls hüten sollte. Da Schafe keine Blätter fressen, wird es ihnen im Wald schnell langweilig. Die Ziegen wollten aber gerne im Wald bleiben. Deshalb war es für mich eine grosse Herausforderung, den Schafen und den Ziegen gleichzeitig gerecht zu werden. Solange ich mich im Wald befand, musste ich mit der Herde immer in Bewegung bleiben. Ansonsten machten sich die Schafe auf und davon, weil sie eine Weide suchen wollten, wo es saftiges Gras gab. Das schmeckte zwar auch den Ziegen eine Weile, aber die wollten dann schnell wieder im nahen Wald nach Blättern suchen. Wieder und wieder liefen mir die Ziegen in den Wald davon und wollten gerne mit mir weiterwandern. Nach ein paar Stunden gab ich meist nach und die Schafe mussten wohl oder übel mitgehen.

Das kleinste Lamm war mein Liebling. Es hörte auf den Namen Bläcki und hielt tapfer mit den anderen Schritt. Weil die Mutter es nicht angenommen hatte, dachte es, dass ich seine Mutter sei, und folgte mir, wohin ich auch ging.

Schliesslich begann es, zu dämmern, und ich musste mich beeilen, wenn ich nicht von der Dunkelheit überrascht werden wollte. An einem Abend vermisste ich mein kleines Lamm, als ich mit den Tieren zu Hause ankam. Schnell brachte ich die anderen Tiere in den Stall und schon war ich wieder unterwegs, ohne mich zuerst bei meinen Eltern zu melden, zurück auf demselben Weg, den ich gekommen war.

Während ich durch den Wald ging, rief ich immer wieder nach Bläcki, denn ich wusste, wenn das Kleine meine Stimme hörte, würde es so lange blöken, bis ich es fand. Auf einmal hörte ich Bläckis leisen Ruf. Das Blöken wurde immer lauter, aber das Lamm kam nicht zu mir. Irgendetwas musste passiert sein!

Noch ein paar Meter und ich erreichte das kleine Lamm. Es war in einem grossen Dornenbusch hängen geblieben. Durch sein Vorwärtsdrängen gruben sich die Dornen immer stärker in sein Fell. Es gelang mir nur mit viel Mühe, das Kleine zu befreien, das ziemlich viel Wolle lassen musste. Auch ich bekam einige Kratzer ab. Doch endlich war es frei!

Inzwischen war es schon ziemlich dunkel geworden, wir mussten uns nun sehr beeilen, nach Hause zu kommen. Kurzerhand nahm ich das Lamm auf meine Arme und lief, so schnell ich konnte, den Weg zurück. Immer wieder leckte Bläcki mit seinem kleinen rosa Zünglein meine Hand, es freute sich wohl, dass ich es endlich gefunden hatte. Glücklich kamen wir daheim an und ich drückte das Lamm noch einmal fest an mich, bevor ich es zu den anderen Tieren in den Stall brachte.

Mein Erlebnis erinnerte mich an die Geschichte vom verlorenen Schaf (Lukas 15,4–7). Genau so war es mir mit Bläcki ergangen, nur dass ich statt hundert Schafen eine Menge Ziegen und nur ein paar Schafe hatte. Es ist etwas ganz Besonderes, wenn Tiere die Stimme ihres Hirten kennen, so wie Bläcki meine.

Bei diesem Gedanken fragte ich mich, ob ich die Stimme des himmlischen Hirten auch kannte.

Zurück in die Berge

Nun war der Frühling so richtig ins Land gezogen. Endlich kam der ersehnte Tag, an dem mein Vater mir erklärte, dass wir am nächsten Morgen mit unseren Ziegen zu unserer Alp aufbrechen würden. Es stand schon fest, dass ich mitgehen würde, und ich freute mich sehr. Kaum konnte ich den nächsten Tag erwarten. Der Vater hatte schon die Rucksäcke bereit gemacht, denn jeder musste Lebensmittel nach oben tragen oder was sonst noch nötig war. Die Ziegen liefen munter hinter uns her, sie wussten genau, wohin es ging, und machten immer wieder Luftsprünge. Bis wir auch das Grossvieh herauftreiben konnten, würden noch zwei bis drei Wochen vergehen.

Nach gut zwei Stunden erreichten wir unsere Hütte, die den Winter heil überstanden hatte. Sofort machten sich die Ziegen über die noch kleinen, aber würzigen Kräutlein her. Inzwischen entfachte der Vater das Feuer in der Feuergrube. Bis er den Kaffee gekocht hatte, legte ich mich ein wenig hin, da sich meine Schmerzen im Bein wieder einmal stärker bemerkbar machten. Der gute Geruch des Kaffees machte mich wieder munter und wir liessen uns das Essen schmecken.

Meine Aufgabe war nun wieder das Melken am Morgen, um anschliessend die Milch im Kessel nach Hause zu tragen und die Schule zu besuchen.

Schliesslich konnten die Bauern auch das Grossvieh bringen und damit begannen sogleich die von mir lang ersehnten Sommerferien. Mein Bruder Noldi und ich waren nun mit wenigen Ausnahmen allein auf der Alp.

An einem schönen Morgen suchten wir nach den Ziegen, die nicht zum Melken erschienen waren. Noldi sah ganz in der Nähe ein Reh und versuchte es einzufangen, doch das Tier war schneller und entwischte ihm. Da erblickte ich auf einmal zu meiner Freude vor meinen Füssen das junge Rehlein. Die Mutter hatte es verteidigen wollen, indem sie uns auf sich aufmerksam machte, doch das war ihr nicht gelungen.

Mein Bruder nahm das Kitz sogleich auf die Arme, obschon ich ihm sagte, dass er es nicht anrühren sollte. Doch er wollte nicht auf mich hören und brachte das junge Rehlein zur Hütte. Unten angekommen fiepte es und rief so seine Mutter.

Ich wusste jedoch, dass diese das Kleine nicht mehr zu sich holen würde, selbst wenn sie es fand, denn nach menschlicher Berührung nimmt das Wild seine Jungen nicht mehr an. Das hatte mir einmal der Vater gesagt und mich davor gewarnt, Wildtierkinder anzufassen.

Jetzt, da wir das Kitz bei uns hatten, staunten wir nicht schlecht, wie gut sich Bäri, unsere Hündin mit ihm verstand. Erst vor ein paar Tagen hatte Bäri Junge geworfen, die wir ihr, wie es damals üblich war, alle weggenommen hatten, da uns ein Hund genügte. Die Milch, die sich gebildet hatte, liess Bäri nun das Rehkitz trinken. So etwas hatte ich noch nie gesehen und wir staunten sehr darüber.

Jeden Abend, wenn wir uns zur Ruhe legten, kam das Rehkitz und schlief bei mir im Bett. Immer wenn ich in der Nacht erwachte und mich auf die andere Seite drehen wollte, tastete ich die Bettdecke nach dem Reh ab und war beruhigt, wenn ich es spürte. Doch ein paar Tage später suchte ich vergeblich nach dem Tierlein, ich fand es nirgends. Da ahnte ich, dass etwas Schlimmes passiert war. Rasch stand ich auf und suchte den Boden ab.

Auf einmal stolperte ich fast über das Reh, das regungslos neben dem Ofen lag. Es hatte alle viere von sich gestreckt. Unser Kitz war tot!

Schnell weckte ich meinen Bruder und teilte ihm die traurige Nachricht mit. Doch dieser drehte sich nur auf die andere Seite und meinte, dass wir es am Morgen beerdigen würden. Das tröstete mich in keinster Weise, wie konnte er nur so kalt reagieren! Ich liess meinen Tränen freien Lauf und konnte lange nicht mehr einschlafen.

Das war mir eine Lehre, nie mehr wollte ich zulassen, dass so etwas geschah, denn wenn mein Bruder das Tier nicht mitgenommen hätte, wäre es vermutlich bei seiner Mutter und am Leben geblieben.

Ein paar Tage nach diesem traurigen Erlebnis kam meine Schwester Erika mit einem braunen Etwas im Taschentuch zur Hütte. Dieses entpuppte sich als ein kleiner Hase. Ich brach in schallendes Gelächter aus.

Wir staunten nicht schlecht, als er im Spätherbst schwarze Ohrenspitzen und ein schneeweisses Fell bekam. Es war also ein Schneehase!

Der Hase bekam von uns schön abgezählte Kleeblätter zu fressen und Ziegenmilch zu trinken. Davon gedieh er prächtig und war im Herbst ein schönes grosses Tier. Sehr oft gingen wir mit ihm spazieren und er lief uns nicht ein einziges Mal davon.

Ein unheimlicher Besucher

Im Jahr 1947 war mein dritter Bruder zur Welt gekommen. Meine Eltern wollten ihn gerne Hansi nennen, doch das Standesamt erlaubte dies nicht, weil mein älterer verstorbener Bruder denselben Namen getragen hatte. Deshalb erhielt er den Namen Hans-Rudolf, doch wir nannten ihn alle Hansi.

Einmal war er auch mit uns oben auf der Alp, er war damals etwa fünf Jahre alt. Nach dem Tod unserer Hündin Bäri hatten wir nun einen Rüden, der ebenfalls Bäri hiess, und so waren wir zu viert auf der Alp, Hansi, meine Schwester Erika, Bäri und ich. Rösli und Lisabeth blieben daheim und halfen der Mutter in Haus und Garten.

In einer Nacht weckte mich Erika, die im gleichen Bett schlief, und flüsterte ängstlich: „Du, es ist ein Mann auf unserem Schindeldach!" Wirklich hörte nun auch ich auf dem Dach jemanden umherlaufen. Aber ich tröstete mich mit dem Gedanken, es könnten die Ziegen sein, denn die stiegen oft auf das Dach.

Plötzlich fing Bäri an zu bellen. So bellte er nur, wenn Gefahr drohte. Vor Angst wagten wir fast nicht mehr zu atmen. Der nächtliche Besucher ging nun in den Stall und bis zu der Hüttentür, wo unser Hund noch stärker bellte als zuvor. Auf einmal versuchte der Unbekannte, die Türe, die nach innen aufging, zu öffnen. Doch Bäri sprang mit den Vorderpfoten an der Türe hoch und schloss dieselbe wieder. Er war ein sehr starker und grosser Hund, fast wie ein Bernhardiner.

Oh, wie waren wir dankbar für unseren vierbeinigen Beschützer! Uns fiel ein Stein vom Herzen, als wir hörten, dass sich der Unbekannte entfernte. Am folgenden Morgen fragten wir Hansi, ob er gut geschlafen habe. Er sagte gut gelaunt: „Ja." Der Kleine hatte gar nichts mitbekommen und auch Bäri nicht bellen gehört.

Unser Vater hat nie herausbekommen, wer der nächtliche Besucher war, aber nach dieser Nacht kam er nicht wieder.

Heilung

Meine Schmerzen, die ich seit jenem Tag beim Mistaustragen hatte, machten mir immer mehr zu schaffen. Sie liefen vom Rücken in das rechte Bein und sorgten dafür, dass ich meist gebückt ging. Die Schmerzen waren so stark, dass es manchmal mein grösster Wunsch war, nur einen Tag ohne diese Schmerzen zu erleben.

Wenn ich nichts zu tun hatte, las ich in einem Buch, manchmal auch in der Bibel. Ich verstand nicht immer alles und legte die Bibel nach meinem Gutdünken aus. Einer meiner Lieblingsverse lautete: „Denn welchen der HERR liebt, den straft er, und hat doch Wohlgefallen an ihm wie ein Vater am Sohn" (Sprüche 3,12; in der revidierten Fassung von 1984, die damals noch nicht vorlag, heisst es: „den weist er zurecht", Anmerkung der Lektorin). Da musste mich der Herr wohl sehr lieb haben, wenn er mir solche Schmerzen zumutete!

Durch meine Schmerzen war ich gezwungen, immer gebückter zu gehen. Als ich gerade zwölf Jahre alt geworden war, fand der Professor im Inselspital endlich den Grund dafür. Beim Aufheben der Last beim Mistaustragen war ein Wirbel ausgetreten, der seitdem auf den Ischiasnerv drückte. Nun sollte ich im Inselspital operiert werden.

Nie werde ich diesen Professor vergessen. Er wusste, dass die Stiftung Pro Juventute meinen Fall finanziell übernahm. Deshalb entschloss er sich, die Kosten für diese OP selbst zu bezahlen. Leider hatte ich keine Gelegenheit, ihm zu danken.

Bei der Operation nahmen die Ärzte vom Schienbein einen Span und setzten ihn zur Stabilisierung in den Rücken, um den Wirbel, der sich beim Unfall gelöst hatte, wieder zurechtzurücken. Danach musste ich einen Monat lang auf dem Bauch liegen. Aufstehen war verboten, weil die Gefahr bestand, dass sich der Knochenspan wieder lösen könnte.

Zu dieser Zeit wurde die Narkose noch mit Äther gemacht. Das hatte zur Folge, dass man nach dem Erwachen erbrechen musste und bis zum nächsten Tag nichts zu trinken bekam ausser einem Teelöffelchen Tee, doch das stillte den Durst nicht. Als es Nacht wurde und die Schwestern uns der Nachtwache überliessen, plagte mich der Durst so sehr, dass ich aufstand und zum Tisch ging, wo mit Wasser gefüllte Becken für den nächsten Morgen standen. Davon trank ich.

Der Junge nebenan erzählte es den Schwestern, denn er wusste, dass ich nicht aufstehen durfte. Es dauerte nicht lange, da kamen die Ärzte an mein Bett und ich wurde sofort zum Röntgen gebracht. Für alle war es ein grosses Wunder, dass nichts passiert war. Gott hatte mich erneut bewahrt.

Ich war geborgen in Jesu Armen! Dieses Wissen half mir sehr, gegen das Heimweh anzukämpfen und durchzuhalten.

Kaum war ich einen Monat zu Hause, musste ich wieder ins Inselspital, um erneut operiert zu werden. Durch meinen krüppelhaften Gang war die Sehne des rechten Beines zu kurz geblieben. Es galt nun, diese Sehne zu strecken. Ich wurde nach der OP bis unter die Arme in Gips gelegt. Nun musste der Wildfang, der ich war, drei Monate stillhalten. Das war für mich das Schlimmste.

Als ich endlich frei von diesem Gips war, begann die Reha und damit ein sehr schmerzvolles Turnen und Dehnen. Mir erschien es wie eine Ewigkeit, bis ich wieder einigermassen laufen konnte.

Im Garten vor dem Spital lebte ein Eichhörnchen, das Hansi genannt wurde. Wenn ich nach draussen kam, hüpfte es mir entgegen und griff in meine Tasche. Dort fand es Nüsse, die die Schwestern mir geben hatten, weil sie wussten, dass Hansi dann kommen würde. Darüber freute ich mich sehr.

Noch grösser aber war meine Freude, als ich nach drei langen Monaten endlich nach Hause fahren durfte.

Zurück auf der Alp

Zuerst war ich noch sehr schwach, doch schon ein paar Tage später durfte ich wieder zur Schule gehen, was mich sehr freute, denn ich ging sehr gerne dorthin. Und bald durfte ich wieder auf die Alp. Das war für mich das Schönste!

Da ich nun geheilt war, konnte ich auch schon bald wieder auf die Tannen klettern. Am Abend nahm ich meine Gitarre und begleitete die Lieder, die mein Vater und ich sangen. Wir sahen vor der Hütte der Sonne zu, die langsam hinter dem Wetterhorn verschwand. Das Alpenglühen hielt noch einen Moment an, bis es nicht mehr zu sehen war. Dann wurde es auch für uns Zeit, ins Bett zu gehen, denn wir mussten am nächsten Morgen wie gewohnt früh aus den Federn.

Jeden Morgen weckte uns der Vater mit dem Lied „Bärgmorge" von Paul Müller-Egger. Dort heisst es:

Senne stöht uf! D'Sterne verlösche,
d'Nacht isch vorby,
s'Früehrot luegt is zum Fänster y
Heilige Friede lit wit und breit
über de Firne und über der Weid.
Senne stöht uf! Senne stöht uf!

Unsere Ziegen kamen immer so zwischen sechs und sieben Uhr zum Melken, vorher nahmen wir noch das Frühstück ein. Vater musste oft den Tag über ins Bergheu und Erika half ihm bei der Arbeit. Die Hüttenarbeit übernahm ich dann meist alleine. Das Melken bereitete mir keine Mühe, auch das Käsen und Ziegern nicht. Anschliessend bereitete ich ein einfaches Mittagessen zu, das ich dann zu den Meinen hinauftrug. Zusammen schmeckte es einfach besser als allein!

Zu dieser Zeit hatten wir ein Schwein, das uns immer nachlief, auch bis ins Bergheu. Dort schlief es eine ganze Weile, bis wir zurück zur Hütte mussten. Einmal weckten wir es nicht, sondern machten uns leise aus dem Staub, um zu sehen, was dann passieren würde. Aber wir kamen nur bis zum nächsten Bach, wo wir ein grenzenloses Geheul und Getrappel hörten. Was da im Laufschritt dahergerannt kam, war unser Schwein!

Ich bin bei euch alle Tage

Auf etwa 2500 Meter hatten wir jeden Sommer noch zusätzlich zwischen hundert bis zweihundert Schafe. Diese mussten wir immer zählen, damit keines verloren ging, und ab und zu mit Salz versorgen.

Eines Tages ging der Vater mit meiner Schwester hinauf zu den Schafen. Vater sagte, dass er den einen Weg gehen würde und meine Schwester den anderen nehmen sollte. Da fing meine Schwester herzzerreissend an zu weinen, denn sie wurde von einer panischen Angst ergriffen. Der Vater gab nach und tröstete sie, sie gingen dann miteinander den Weg, den meine Schwester hatte nehmen sollen.

Plötzlich sprang ihnen um die Ecke ein Wolfshund mit blutbeschmierter Schnauze entgegen. Vater, der immer seinen Stock dabei hatte, konnte dem Hund noch rechtzeitig einen tüchtigen Schlag auf den Kopf versetzen. Laut aufheulend machte der Hund kehrt und verschwand so schnell, wie er gekommen war. Wenn mein Vater den anderen Weg gegangen wäre, hätte sich dieser Hund sicher über meine Schwester hergemacht. Haben sie einmal Blut gerochen, ist diesen Hunden alles zuzutrauen.

Mein Vater nahm meine Schwester in seine Arme und sagte: „Gott sei Dank, dass ich bei dir geblieben bin, sonst hätte ich dich womöglich zum letzten Mal gesehen."

An diesem Tag erlebte meine Schwester Erika eine wunderbare Bewahrung. Als Vater und sie nach den Schafen Ausschau hielten, fanden sie mehrere, die vom Hund getötet oder schwer verletzt worden waren.

Nachdem mein Vater mit Erika zur Hütte zurückgekehrt war, ging er nach Hause, um zu telefonieren und die Eigentümer der Schafe zu informieren. Damit die Versicherung bezahlte, mussten wir den toten Schafen jeweils das Ohr mit der Marke abschneiden, bevor wir sie begruben.

Tags darauf ging Vater zur Polizei und zum damaligen Wildhüter, wo er den Vorfall meldete. Mit polizeilicher Begleitung und dem Wildhüter nahmen sie die Spur des Hundes auf und fanden dann auch schnell den Besitzer. Der Hund musste eingeschläfert werden. Doch in den Bergen gibt es noch viele weitere Gefahren.

Einmal war ich an der Reihe, die Schafe aufzusuchen. Vater warnte mich vor dem Steinschlag, den die Schafe auf dem Balmeregghorn verursachten, und meinte, ich solle lieber den Umweg in Kauf nehmen, der sicherer war. Doch ich glaubte, dass der direkte Weg auf das Horn nicht so gefährlich sei, deshalb hörte ich nicht auf ihn. Langsam kletterte ich die steile Krete[7] zum Balmeregghorn hoch, immer in dem Bewusstsein, dass ich guten Halt mit den Händen suchen musste, damit ich mich, falls ich mit den Füssen abrutschte, mit den Händen festhalten konnte.

Auf halber Höhe sah ich auf der rechten Seite ein besonders schönes Edelweiss. Ich streckte meine Hand nach rechts und pflückte es. In diesem Moment spürte ich einen Luftzug auf der linken Seite und hörte dann, wie ein Stein aufschlug. Das war einer der Steine, vor denen mich mein Vater gewarnt hatte. Die Bewegung nach rechts hatte mir wohl das Leben gerettet. Oder waren es vielleicht Engel, Gottes Geheimagenten?

Wieder zurück in der Hütte kam mir die Zeile aus einem Lied in den Sinn: „Vergiss nicht zu danken dem ewigen Herrn, er hat dir viel Gutes getan" (Verfasser unbekannt).

---

7   Gebirgsgrat.

Als ich mich zur Ruhe legte, dankte ich Gott für diese wunderbare Bewahrung, die er trotz meines Ungehorsams geschenkt hatte.

Gefahr durch Unwetter und Felsen

Unsere liebe Mutter war selten bei uns oben auf der Alp. Gross war dann die Freude, wenn sie doch einmal zu Besuch kam. Einmal kam sie, um Heidelbeeren für Konfitüre zu sammeln. Da halfen wir Kinder und der Vater auch mit, damit die leeren Kessel rasch gefüllt werden konnten.

Wir waren alle so sehr mit Pflücken beschäftigt, dass wir fast zu spät bemerkten, dass ein Gewitter nahte. Der Vater rief zur Eile auf, damit wir rechtzeitig den Felsen erreichen konnten, der uns vor dem Regen etwas Schutz bieten würde. Am Himmel zuckten bereits Blitze und ein Donnergrollen hallte als Echo von den Felsen zurück.

Mit den vollen Kesseln konnten wir uns nicht so schnell fortbewegen, doch wir erreichten den Felsen, ohne nass zu werden. Ich stand ganz vorne am Eingang und sah die Blitze am Himmel. Sie sahen in der Luft aus wie Pfeile, die von Indianern abgeschossen werden. Einer der Blitze zuckte dicht über meinen Kopf und schlug oben in den Stacheldraht ein. Meine Mutter und meine Schwester standen ganz hinten am Felsen. Da sah ich zu meinem Schrecken, wie die beiden zu Boden fielen. Sie waren vom Blitz gestreift worden.

Gott sei Dank war ihnen ausser dem Fall nichts passiert. Der Vater neben dem Felsen wurde auch vom Blitz gestreift. Nur ich selber blieb verschont. Mein Vater spürte noch längere Zeit leichte Schmerzen in seinem Bein, aber meine Mutter und meine Schwester hatten keine Schmerzen.

Nachdem das Gewitter weitergezogen war, machten wir uns auf den Heimweg. Wir ahnten nicht, dass dies nur der Anfang der Gefahren gewesen war. Als wir die Hütte erreichten, dämmerte es schon leicht. Wir nahmen ein einfaches Mahl zu uns, das meist aus einer Suppe oder Teigwaren bestand. Nach dem Essen hiess es noch Melken und Käsen, dann begaben wir uns zur wohlverdienten Nachtruhe.

Wir Kinder schliefen, wenn Mutter da war, auf der Bühne, wo sich das frische Heu befand. Kaum waren wir oben, hörten wir, wie Steine nach unten donnerten. Der Vater rief uns sofort nach unten, wo wir an die Rückwand der Hütte, die nah an der Lawinenschutzmauer stand, ganz still verharren sollten. Die Furcht in seiner Stimme war nicht zu überhören und auch bei uns stieg die Angst hoch.

Nach einer Weile war der Spuk vorbei und wir kehrten zurück in unsere Betten. Erst am nächsten Morgen konnten wir die Verwüstung, die dieser Felsabbruch angerichtet hatte, sehen. Die Felsbrocken, die herabgedonnert waren, hatten grosse Löcher in der Wiese hinterlassen. Es waren etliche Kubikmeter Felsen abgebrochen. Wenn auch nur ein Kubikmeter davon auf die Hütte gefallen wäre, so hätte dies wohl unser aller Tod bedeutet. Auch diesmal hatte der himmlische Vater seine schützende Hand über uns gehalten! Ja, sogar unsere Tiere waren bewahrt worden. Eine Kuh blutete, war aber nicht schlimm verletzt. Wir verbanden sie und ein paar Tage später war sie wieder heil.

Noldis Seilbahnfahrt

Damit wir uns nicht so schwer mit dem Kuhmist herumschlagen mussten, baute der Vater uns eine Seilbahn, an der er einen Kippkasten aufhängte. Dies erleichterte uns die Arbeit sehr. Meine Schwester und ich mussten nur mit dem Zugseil, das ganz oben befestigt war, nach unten laufen. Dabei zogen wir den Kasten nach oben. Dort schlug dann eine Person den Boden auf und schon klatschte der Mist hinunter auf die Weide, die oberhalb der Hütte lag.

Eines schönen Tages wollte unser Bruder einmal mit diesem Kasten den Hang hinauffahren. Er behauptete, dass er das Seil zu schmieren gedenke. Meine Schwester und ich liefen nach oben, ergriffen das Zugseil und liefen nach unten. Das Wetter aber machte nicht mit, es begann zu regnen und der Regen wurde immer stärker. Als wir unten am Gebüsch ankamen und unser Bruder oben im Kippkasten sass, banden wir das Zugseil um einen Baum und warteten ab, was passieren würde. Wir spürten, dass unser Bruder am Seil zog, doch wir wollten ihm einen Streich spielen und liessen ihn oben im Regen sitzen. Natürlich wurden wir zwei auch pudelnass.

Endlich beschlossen wir, ihn wieder hinunterzulassen. Als wir zur Hütte kamen, sagte er nicht viel. Danach wollte er das Seil erst einmal nicht mehr „schmieren".

Das Kälbchen

An einem herrlichen Nachmittag war ich weiter oben auf der Weide, als ich auf einmal meine Schwester durch die Finger pfeifen hörte. Das war unser Signal und hiess: „So schnell wie möglich zur Hütte kommen!"

Aus der Entfernung konnte ich sie nicht verstehen, doch ich spürte an ihrem Verhalten, dass etwas nicht in Ordnung war. Eilends machte ich mich auf den Weg zur Hütte. Dort angekommen fragte ich meine Schwester ganz ausser Atem: „Was ist denn passiert?" Sie berichtete mir, dass eine Kuh vor der Zeit geworfen hatte und wir nun ein kleines Kälbchen hatten.

Rasch überlegte ich, was jetzt zu tun war. Als Erstes mussten wir die Mutter melken, denn ich wusste, dass die sogenannte Bieschmilch für das Kälbchen wichtig war. Mit meinen Fingern in der Milch versuchte ich, das Kleine zum Trinken zu animieren. Dadurch sollte es lernen, direkt aus dem Kessel zu trinken. Zu meinem Erstaunen schaffte es das in sehr kurzer Zeit, sodass es meine Finger nicht mehr brauchte.

Wenn ein Kälbchen damals zu früh kam, noch keine Zähne hatte und dazu einen entzündeten Nabel, dann hatte es kaum eine Überlebenschance. Ich liebte dieses kleine Kälbchen aber so sehr, dass ich mir jeden Tag Zeit nahm, um mit Käslichrut[8] seinen entzündeten Nabel zu waschen. Ich versuchte, ihn mit Wundpuder so gut wie möglich trocken zu halten. Nach und nach bekam das Kälbchen Zähne und sein Bauchnabel heilte ab.

Zu diesem Tier hatte ich ein ganz besonderes Verhältnis. Wahrscheinlich betrachtete es mich als seine Mutter, denn es lief mir überall auf Schritt und Tritt nach. Wenn ich es einmal nicht sah, rief ich es und es kam sofort gesprungen.

Als es Herbst wurde, kamen die Bauern und holten ihre Tiere bei uns ab. Der Eigentümer meines Kälbchens überlegte nicht lange und schenkte mir das Tier. Er erklärte, dass er nicht imstande gewesen wäre,

---

8   Malve.

das Kleine durchzubringen. Meine Freude kannte keine Grenzen. Das Kälbchen gehörte nun mir!

Zu Hause im Stall hatte es aber ein Jahr später keinen Platz mehr, weil wir einen Ziegenstall hatten, der für Grossvieh nicht geeignet war. An einem Morgen kam mein Vater deshalb und eröffnete mir, dass er mit dem Kalb auf den Brünig gehen musste, um es zu verladen. Der Metzger wollte es dann in Giswil abholen. Das war für mich eine traurige Botschaft! Vater nahm ein Halfter und band es dem Kalb um. Nun aber hatte er grosse Mühe mit ihm. Es stemmte seine Vorderbeine und Vater konnte ziehen, so viel er wollte. Dabei fehlte es meinem Vater wirklich nicht an Kraft, aber er kam keinen Schritt weiter. Ziemlich ungehalten über dieses Gebaren, löste er das Halfter, kam zu mir und sagte: „Nun sieh du zu, wie du es auf den Brünig bringst. Ich kann gar nichts machen. Hier nimm das Halfter und geh. Es ist für euch beide der letzte gemeinsame Weg."

Draussen angekommen rief ich mein Kälbchen und es kam sofort. Als es bei mir war, lief ich voraus und das Kalb hintendrein. Es wurde für mich ein langer Weg, etwa neun bis zehn Kilometer, das hiess gut zwei Stunden. Bis wir bei der Eisenbahn angelangt waren, brauchte ich kein Halfter. Das Kalb lief mir nach bis in den Eisenbahnwagen, den wir damals noch mit Tieren belegen konnten. Nun kam der traurigste Teil. Das Halfter diente mir im Eisenbahnwagen zum Anbinden. Noch einmal umarmte ich unter vielen Tränen mein liebes Kälbchen und niemand konnte es mir verargen, dass ich ihm noch einen Kuss auf seine feuchte

Nase drückte. Dieses Kalb hatte mir vertraut und ich musste es so sehr enttäuschen. Noch lange hörte ich es nach mir rufen und ich war froh, dass niemand meine Tränen sah.

Auf dem Heimweg hatte ich genug Zeit zum Nachdenken. Es war für mich sehr schwer zu verstehen, weshalb es so viele Enttäuschungen im Leben gab.

Schneeflöckchen

Nebst unseren eigenen sömmerten wir auch noch Ziegen von anderen Eigentümern. Unter den vielen fremden war eine Saanenziege mit Zwillingen. Eines Tages war dieses Muttertier einfach verschollen. Wir suchten es lange, doch vergeblich. Etwa drei Tage später erschien ganz mager und schwach eines der Zwillinge. Wir hatten für solche Notfälle eine Literflasche und auch einen Schnuller[9]. Rasch molk ich eine unserer Ziegen und reichte die Flasche dem Kleinen. Es lernte schnell und die Flasche war im Nu leer. Das Zicklein bekam den Namen Schneeflöckchen.

---

9   Sauger.

Uns blieb es ein Rätsel, woher das Kleine gekommen war und wo die anderen beiden geblieben waren. Immer, wenn wir etwas Zeit hatten, suchten wir sie. Als das Kleine schon eine Woche oder mehr bei uns weilte, fanden wir sie endlich. Ziemlich weit unterhalb der Hütte hatte die Ziege ein jämmerliches Ende gefunden. Sie hatte wohl über den Bach springen wollen und war dabei mit den Hinterbeinen kopfüber im Gebüsch hängen geblieben. Das Zicklein lag neben ihr. Es hatte den Tod gefunden, weil es bei seiner toten Mutter geblieben war.

Schneeflöckchen hingegen wollte noch nicht sterben, nein, es wollte leben und holte sich bei mir Hilfe. Dieser Umstand brachte mir eine neue Freundschaft, die aber abrupt im Herbst bei der Alp-Abfahrt endete.

Doch bis dahin dauerte es noch eine ganze Weile. Wenn das kleine Zicklein mit den anderen abends weiter oben nach guten Kräutern suchte, kam ich vor die Hütte mit dem Fläschchen und rief seinen Namen. Dann hob es seinen Kopf, machte sich auf und war innert ein paar Minuten bei mir unten angelangt. Dort stemmte das Kleine sich mit den Vorderbeinen an mir hoch und genoss die warme, frische Milch.

Für mich bedeutete es viel, mich der Kleinen anzunehmen, denn wenn ein Tier litt, so litt ich mit.

Wie ein Lamm, das zur Schlachtbank geführt wird

An einem Nachmittag ballten sich dunkle Wolken zusammen und es wurde beinahe so finster wie in der Nacht. Donner grollte in der Ferne und Blitze zuckten. Plötzlich begann es, in Strömen zu regnen, doch bald ging der Regen in Hagel über. Meine Mutter war gerade bei mir zu Besuch und ich war noch mit dem Käsen beschäftigt. Der Hagel wurde so heftig, dass ich um unser Vieh besorgt war. In aller Eile zog ich mir die Stiefel an und nahm eine Milchgebse[10] aus Blech als Kopfschutz.

Der Hagel lag schon so hoch, dass mir die Steine bis über die Stiefel reichten. Das Laufen machte mir grosse Mühe auf diesem Hagel, doch die Angst um das Vieh beflügelte mich. Die ganze Weide war wie ausgestorben, kein Tier war weit und breit zu sehen. Schon befürchtete ich das Schlimmste, sicher waren sie in Panik über die Felsen gesprungen! Endlich, es schien mir eine Ewigkeit, fand ich alle Tiere wohlbehalten im Gebüsch und unter den Bäumen, wo sie etwas Schutz gefunden hatten. Vergeblich versuchte ich, sie zur Hütte zu bringen, sie waren nicht zu bewegen. So liess ich ihnen den Willen und machte mich wieder auf den Heimweg, der unterdessen nicht weniger beschwerlich geworden war. Doch ich war beruhigt darüber, dass dem Vieh nichts geschehen war.

Am Tag darauf suchte ich die Schafe auf und stellte mit Schrecken fest, dass etliche von ihnen sehr schwer verwundet waren. Etwa fünf oder sechs von ihnen hatten ihre hinteren Beine nur noch am Fell hängen. Andere hatten grosse Fleischwunden. Die Tiere sprangen mit ihren baumelnden Beinen immer noch herum

---

10 Eine Gebse ist ein flaches Gefäss aus Holz, Blech oder Aluminium.

und gaben keinen Ton von sich, obwohl sie furchtbare Schmerzen haben mussten. Die Bäche waren vom Hagel angeschwollen und hatten grosse Steine mit sich gebracht, die dann die Schafe so schwer verletzt hatten.

Mein Vater erklärte mir, dass Schafe nie vor Schmerzen blöken. Da verstand ich den Bibelvers, der prophetisch von Jesu Tod am Kreuz spricht: „Als er gemartert ward, litt er doch willig und tat seinen Mund nicht auf wie ein Lamm, das zur Schlachtbank geführt wird; und wie ein Schaf, das verstummt vor seinem Scherer" (Jesaja 53,7).

Bäris Tod

Unser Hund Bäri war ein guter Freund für mich. Als ich einmal kein Brot mehr hatte, beschloss ich, Bäri mit einem Zettel, den ich ihm um den Hals band, nach Hause zu schicken. Er lief los und nach ungefähr zwei Stunden war er wieder bei mir oben. Laut bellend sprang er an mir hoch und zeigte so seine grosse Freude. Natürlich lobte ich ihn für seine gute Arbeit. Für diesen Weg hätte ich selbst sicher vier Stunden gebraucht. Meine Mutter hatte Bäri einen Zettel umgebunden, in dem sie schrieb, dass Vater kommen würde, um mir Brot zu bringen. Ausserdem wollte er sich der verletzten Schafe annehmen, denn leider kam es auf der Alp hin und wieder zu Unfällen.

Bäri war ein ganz besonderer Hund. Er holte mir zum Beispiel immer die Ziegen, die etwa eine Stunde Fussmarsch von der Hütte auf der oberen Alp Schlafbühlen waren. Nicht immer gefiel ihm der Befehl, die Ziegen zu holen. Einmal sprang er um die Hütte und steckte dann seinen Kopf unter meine Arme. Dabei blinzelte er, als wäre er der Meinung, dass die Arbeit getan sei. Nach mehrmaligem Auffordern, doch noch zu gehen, gehorchte er aber.

Nach ungefähr dreissig Minuten hörte ich dann die Glocken der Ziegen. Bäri brachte alle Tiere, die ich zum Melken erwartete. Natürlich bekam er eine weitere Streicheleinheit als Belohnung. Er war mir ein sehr guter Kamerad, auf den ich mich verlassen konnte.

Einmal kletterte ich einen Felsen hinunter ins Tal. Bäri war natürlich auch dabei. Er hatte ziemliche Schwierigkeiten, mir zu folgen. Auf einmal hörte ich ihn jaulen. Wahrscheinlich traute er sich nicht, weiter nach unten zu klettern. Ich rief ihn deshalb immer wieder und kletterte weiter. Doch er lief immer nur hin und her, weil er keinen Weg nach unten fand.

Dann geschah etwas, das ich nie vergessen werde. Aus Liebe zu mir nahm er allen Mut zusammen und stürzte sich in die Tiefe. Ich sah noch, wie er zunächst aufschlug und dann über einen kleineren Felsen weiter nach unten stürzte. Der Aufprall hatte ihm wohl das Genick gebrochen. Schnell kletterte ich zu Bäri. Völlig bewegungslos lag er vor mir und ich streichelte ihn und netzte mit meinen Tränen sein Fell.

Was in aller Welt hatte ich getan? Mein treuer Kamerad lag tot vor mir. Ich brauchte Bäri doch, so allein auf dieser Alp wollte ich nicht sein. Bis der Abend kam, weinte ich bei meinem lieben toten Hund. Der Weg zurück war der erste Gang ohne ihn. Wer sollte mich nun beschützen? Noch lange Zeit träumte ich von Bäri und wie er abgestürzt war.

Als ich es dem Vater, der tags darauf zu mir kam, erzählte, meinte er nur: „Es ist besser der Hund als du." Doch warum hatte Bäri mir nicht den Gehorsam verweigert, dann wäre er am Leben geblieben! Warum war er mir nur gefolgt? Der Grund war seine grosse Liebe zu mir, er wollte bei mir sein! Ich hatte niemanden, für den ich das Leben riskiert hätte.

Doch gab es da nicht einen Menschen, der genau das für mich getan hatte? Sein Name ist Jesus Christus! Seine grosse Liebe zu uns sündigen Menschen überstieg meinen Verstand. Als die Menschen ihn ans Kreuz schlugen, sagte er kein einziges Wort. Nur grenzenlose Liebe konnte so etwas ohne ein Wort der Verteidigung hinnehmen.

Die Uhr

Mit fünfzehn Jahren wurde ich konfirmiert. Mit der Konfirmation wurde mir bewusst, was Nachfolge bedeutet. Es war mir ernst damit und ich nahm das nicht auf die leichte Schulter.

Als Konfirmationsgeschenk erhielt ich von meiner Patin eine Armbanduhr, es war meine erste Uhr und ich hatte eine riesige Freude daran.

Zwei Monate später zogen wir wieder mit unseren Tieren auf die Alp. Eines schönen Tages stieg ich durch das Geröll und durch kleine Gebüsche hinauf zum Fuss des Balmeregghorns. Oben angekommen wollte ich sehen, wie spät es ist, um wieder rechtzeitig zur Hütte zurückzukehren. Zu meinem Schrecken bemerkte ich, dass ich die Uhr verloren hatte. Das Andenken an meine Konfirmation war weg. Ich war sehr traurig darüber und lief zurück zur Hütte, wo ich mein Missgeschick berichtete.

Meine Geschwister waren sich einig, dass diese Uhr für immer verloren war, denn ich wusste ja nicht einmal mehr genau, wo ich entlang gegangen war und wo ich sie verloren hatte. Da hatten sie wohl Recht. Ich war für den Rest des Tages sehr traurig, weil diese Uhr mir so viel bedeutet hatte.

Am Abend, als wir alle auf der Heubühne lagen, bat ich Gott, dass er es doch schenken möge, dass ich am nächsten Tag meine Uhr wiederfinden würde.

Während ich so ernstlich am Beten war, hörte ich, wie eine Stimme sagte: „Du findest deine Uhr am nächsten Tag!" Ich glaubte dieser Stimme und wusste ganz bestimmt, dass es so geschehen würde. Als ich es meinen Geschwistern erzählte, lachten sie alle und meinten: „Diese Uhr findet niemand mehr!" Doch ich zweifelte nicht und war mir der Sache sicher.

Am nächsten Tag ging ich ungefähr an derselben Stelle wie am Tag zuvor über das Geröll und schlüpfte durch die Büsche, bis ich die Alpwiese erreichte. Als ich nun auf dieser Wiese stand, dachte ich darüber nach, wie ich beim Aufstieg über dieses Steingeröll und durch das dichte Gebüsch meine Uhr hätte finden sollen. So genau wusste ich ja gar nicht mehr, wo ich am Vortag hochgelaufen oder geklettert war.

Wenn ich die Uhr finden wollte, musste ich sie hier irgendwo auf dieser Wiese finden. Aber wo und wie? Ich kam ins Grübeln, denn ungefähr zwei- bis dreihundert Meter weiter oben am Fuss des Balmeregghorns hatte ich am Vortag bemerkt, dass ich die Uhr nicht mehr am Handgelenk trug.

Doch was um alles in der Welt sollte ich anstellen, um die Uhr hier zu finden? Ich fand zu meinen Füssen drei Massliebchen, die ich pflückte. Ein Blättchen um das andere riss ich aus und sagte: „Ich finde sie – ich finde sie nicht." Jedes Mal war ich bei „Ich finde sie", wenn ich das letzte Blättchen ausriss. Das fand ich gut, doch hatte ich das ja eigentlich schon vor diesem „Test" gewusst.

Ratlos sah ich mich um. Dann betete ich wieder und sah zu meinem Erstaunen einen Kartoffelbovist, der da gerade zu meinen Füssen wuchs. Da hatte ich eine Idee. Ich nahm den Pilz und bat Gott, den Pilz, den ich jetzt in die Luft werfen würde, zu meiner Uhr zu bringen. Ich beobachtete genau, wo er landete, und lief zu der Stelle hin, wo er am Boden lag. Nur wenige Zentimeter neben diesem Pilz fand ich zu meiner grossen Freude meine Konfirmationsuhr!

Ich nahm sie in die Hände und meine Tränen flossen ungehindert ins Gras. Ich staunte darüber, wie ich meinen grossen Gott in dieser Situation erlebt hatte. Wie lange ich so da kniete, weiss ich heute nicht mehr. Ich dankte Gott und spürte seine heilige Nähe, sodass es mir fast schlecht wurde.

Jesus sagt: „Bittet, so wird euch gegeben; suchet, so werdet ihr finden" (Matthäus 7,7). Das durfte ich hautnah erfahren!

Als ich überglücklich zur Hütte zurückkehrte, trauten meine Geschwister ihren Augen nicht. Ich sagte nur: „Was Gott verheissen, das will er geben."

Der trockene Sommer

In einem Sommer, der sehr trocken war, hatten wir nur Rinder und etliche Ziegen auf der Alp. Eines Tages kamen ein paar Bauern und meinten, ich hätte bei dieser Trockenheit zu viele Tiere oben. Sie wollten einige Rinder auf einer anderen Alp unterbringen. Das taten sie auch.

In dieser Situation bekam ich eine Verheissung aus dem Buch Daniel, wo es heisst: „Er ist der lebendige Gott, der ewig bleibt, und sein Reich ist unvergänglich, und seine Herrschaft hat kein Ende. Er ist ein Retter und Nothelfer, und er tut Zeichen und Wunder im Himmel und auf Erden" (Daniel 6,27–28). Ich betete oft um Regen und glaubte daran, dass Gott meine Gebete erhören würde. Daher war ich nicht überrascht, wenn ab und zu heftige Schauer fielen.

Im Herbst, als die Bauern ihre Tiere holten, staunten sie nicht schlecht darüber, wie gut es ihnen ging. Die anderen Alpen waren fast ganz trocken und die Tiere hatten zu wenig frisches Gras gehabt. Die Bauern meinten, sie hätten die Tiere besser bei mir gelassen. Auf meiner Alp hätten wir sogar gut und gerne zwei oder drei Wochen länger bleiben können. Frisches Gras war immer noch in Hülle und Fülle da.

Freude und Leid

Die Alp Unterbalm hatte Vater für zehn Jahre von der Genossenschaft gepachtet. Im zehnten Sommer zog Noldi nach seiner Lehre als Maurer nach Idaho in den USA. Nachdem mein Bruder weg war, liessen die Kräfte meiner Mutter sichtbar nach. Sie hatte zu viel mitgemacht in all den Jahren. Zu viel Arbeit hatte auf ihren Schultern gelastet.

Als dann auch noch ihr Bruder starb, wurde ihr alles zu viel. Sie kam von der Beerdigung zurück und am folgenden Tag lag sie mit einem Nervenzusammenbruch im Bett. Klagen lag ihr nicht, aber ich sah an ihrem Blick, dass sie sehr litt.

Mutter und ich verstanden uns gut, oft wusste ich auch ohne Worte, was sie wollte. Manchmal, wenn ich nicht gehorsam war, sah sie mich mit traurigen Augen an. O, was hätte ich dann dafür gegeben, dass das nicht passiert wäre! Aber wenn ich sie küsste und mich entschuldigte, nahm sie mich in die Arme und ihre Augen schauten nicht mehr so traurig. Wenn Mueti mir vergab, war alles wieder gut!

Meine Schwester und ich erhielten beide eine Stelle in Zürich in einem Tea-Room. Für uns Bergkinder war das etwas ganz Neues. Da gab es Kinos und sehr viel, das uns schlecht bekam. Der Aufenthalt in der Stadt diente uns nicht zum Besten. Ausserdem litten wir unter Heimweh.

Nun merkte ich, dass ich ein Kind erwartete. Das war mir eine schwere Bürde, denn die Ärzte meinten, dass ich die Schwangerschaft abbrechen sollte, weil ich mit meinem versteiften Rücken keine normale Geburt haben könnte. Wie froh war ich, als ein gläubiger Psychiater zu mir sagte, dass ich das auf keinen Fall machen solle. So wie er mich nun kennen gelernt habe, würde ich mir einen solchen Fehler in meinem ganzen Leben nie verzeihen. Sollte ich noch Probleme haben, so sei er Tag und Nacht für mich da. Was für eine Liebe für seine Mitmenschen da zum Vorschein kam! Das brachte mich sehr zum Nachdenken.

Ein paar Monate später hielt ich dann Erika-Johanna glücklich in den Armen. Der Taufspruch für die Kleine bestätigte mir, dass ich richtig gehandelt hatte: „Kinder sind eine Gabe des Herrn und Leibesfrucht ist ein Geschenk!" (Psalm 127,3).

Nach zwei Jahren hatten meine Schwester Erika und ich genug von Zürich. Es war an der Zeit, wieder nach Hause zu gehen. Wir waren älter geworden und auch reifer, doch dabei hatte ich etwas ganz Wichtiges verloren: den Frieden in meinem Herzen. Ich sehnte mich nach Frieden und suchte danach, aber ich fand ihn nicht.

Da es meiner Mutter weiterhin nicht gut ging, blieb ich zu Hause und wollte mir eine Arbeit in der Nähe suchen. Zu dieser Zeit erhielt unser Vater seine erste Stelle in seinem Leben, als Gondelbahn-Angestellter bei der neuen Gondelbahn Wasserwendi/Käserstatt. Eines Abends kam er nach Hause und erzählte, dass er in dem neuen Restaurant in Käserstatt einen Kaffee getrunken hatte. Da hatten ihn die Leute gefragt, ob er vielleicht eine junge Frau wisse, die bei ihnen arbeiten könne.

Diese Chance liess ich mir nicht entgehen und bewarb mich gleich tags darauf. Der Chef meinte, dass ich ab sofort mit der Arbeit beginnen könne. Ich überlegte nicht lange und sagte zu. Während dieser Zeit lernte ich meinen Mann kennen, der im selben Betrieb in Hohfluh im Hotel Alpenrose eine Lehre als Koch absolvierte. Später wurde dieses Hotel abgebrochen und nicht wieder aufgebaut.

Im Herbst darauf wollten mein Mann und ich heiraten, aber meine liebe Mutter machte mir Sorgen, denn sie war immer noch sehr krank und ich ahnte, dass wir sie verlieren würden. Ich wünschte mir, dass sie noch an unserer Hochzeit teilnehmen konnte, doch ihr Zustand wurde immer schlechter. Mueti wurde immer bleicher und nahm auch an Gewicht ab. Das war kein gutes Zeichen. Spitalaufenthalte und eine Operation wurden unumgänglich. Meine Mutter war vom Tod gezeichnet, doch das wollte ich nicht wahrhaben. Mein liebes, liebes Mueti wollte ich nicht verlieren!

Vor unserer Hochzeit lag meine Mutter zwei Monate lang im Bett und musste starke Schmerzmittel nehmen. Dann kam der 11. September, mein Hochzeitstag. Wie staunte ich, als morgens die Tür zu meinem Schlafzimmer geöffnet wurde und Mutter mit meinem Hochzeitskleid hereinkam, um mir beim Anziehen behilflich zu sein. Meine Freude kannte keine Grenzen. Meine Mutter konnte bei unserer Hochzeit dabei sein!

Bei uns zu Hause war es Sitte, vor jeder Mahlzeit zu danken. Als wir nun mit der Hochzeitsgesellschaft zum Mittagessen in einem Restaurant sassen, ertönte auf einmal Mutters Stimme laut und für alle gut vernehmbar: „Komm Herr Jesus, sei unser Gast und segne was du uns gegeben hast." Ihre Stimme zitterte ein wenig und ich ahnte, dass sie grosse Schmerzen hatte, aber das hielt sie nicht davon ab, für das Essen zu danken. Da kam mir das Wort aus dem Matthäusevangelium in den Sinn, wo Jesus sagt: „Wer nun mich bekennt vor den Menschen, den will ich auch bekennen vor meinem himmlischen Vater" (Matthäus 10,32).

Der grosse Glaube meiner Mutter versetzte mich einmal mehr ins Staunen. Im Nachhinein wusste ich, dass es meine Mutter ihre ganze Kraft gekostet hatte, diesen Tag mit uns zu feiern. Es war der letzte Tag, den sie ausserhalb ihres Bettes verbringen konnte. Zwei Monate später mussten wir sie mit nur 56 Jahren zu Grabe tragen. Dabei liess sie sieben Kinder zurück, von denen das jüngste erst zwölf Jahre alt war.

Dunkle Mächte

Im Nachbarhaus meiner Schwiegermutter wohnte ein Ehepaar, das dunkle Machenschaften ausübte, um anderen Menschen zu schaden. Dass das nicht nur Aberglaube ist, musste ich am eigenen Leib erfahren.

Dieses Ehepaar legte gelegentlich von ihnen besprochene Steine, die für Unheil sorgen sollten, vor das Haus meiner Schwiegereltern. Der kleine Sohn meiner Schwägerin war zwei Jahre alt, als er mit diesen Steinchen spielte. Kurz darauf verunglückte er tödlich.

Mein Schwiegervater glaubte nicht, dass das etwas mit diesen Steinen zu tun hätte. Als dort wieder solche Steine lagen, nahm er diese und warf sie in den See, denn er wollte den Beweis erbringen, dass dieser Hokuspokus nichts weiter als Aberglaube war. Ein paar Tage darauf verunglückte er sehr schwer und erlitt einen Schädelbruch. Niemand glaubte, dass er überleben würde. Doch ein Wunder geschah. Er musste zwar sehr lange im Spital bleiben, aber er erholte sich.

Mir ging die Sache sehr nahe, doch ich wusste: Jesus mein Heiland ist Sieger über alle Mächte! Er selbst sagt: „Mir ist gegeben alle Gewalt im Himmel und auf Erden" (Matthäus 28,18).

Zu dieser Zeit war ich mit meiner dreijährigen Tochter Erika-Johanna zu Besuch bei den Schwiegereltern. Am selben Tag wollte ich mit meinem Motorrad auf den Hasliberg zu meiner Mutter fahren. Meine Tochter nahm ich auf dem Kindersitz mit. Bevor ich losfuhr, betete ich und warf dann die Steinchen, die wieder vor dem Haus lagen, im Namen Jesu weg.

Wir waren fast angekommen, als aus dem Nichts plötzlich ein Auto vor mir auftauchte und mir die Strasse versperrte. Ich versuchte noch auszuweichen, aber es war zu spät, wir krachten zusammen und ich fiel mit dem Kind zu Boden. Als ich mich aufrichtete, merkte ich, dass mir nichts fehlte. Das Motorrad hatte einen ziemlichen Schaden erlitten. Der Tank wies eine Beule auf, die von meinem Knie herrührte. Das Knie jedoch war heil! Jesus hatte mich beschützt.

Aber meine Tochter weinte. Sie hatte eine Wunde am Knie und wir mussten zum Arzt, um die Wunde nähen zu lassen. Mein Fehler war gewesen, dass ich zwar für mich gebetet hatte, aber nicht für mein Kind. Das war mir eine heilsame Lehre, die ich nie vergessen habe!

Eine solche Sache ist nicht auf die leichte Schulter zu nehmen. Es ist im Gegenteil sehr gefährlich, sich auf so etwas einzulassen. „Denn wir haben nicht mit Fleisch und Blut zu kämpfen, sondern mit Mächtigen und Gewaltigen, nämlich mit den Herren der Welt, die in dieser Finsternis herrschen, mit den bösen Geistern unter dem Himmel. Deshalb ergreift die Waffenrüstung Gottes, damit ihr an dem bösen Tag Widerstand leisten und alles überwinden und das Feld behalten könnt" (Epheser 6,12–13).

Immer wieder höre ich, dass Menschen an verschiedenen Stellen Hilfe und Heilung suchen, doch es ist nur einer, der Lasten und Krankheiten heilen kann. Sein

Name heisst „Wunder-Rat, Gott-Held, Ewig-Vater, Friede-Fürst" (Jesaja 9,5). Das ist Jesus, der Sohn Gottes, der unsere Lasten und Sünden getragen und gesühnt hat!

Das Vorbild meiner lieben Mutter

Als meine Mutter im Sterben lag, stand ich an ihrem Bett und schaute sie lange an. Plötzlich faltete sie ihre Hände, die Falten auf ihrer Stirn glätteten sich und es kam ein unerkläriches Leuchten auf ihr Angesicht. Seit Tagen hatte sie nichts mehr gesprochen, doch jetzt spürte ich, dass sie betete. Wenn ich in diesem Moment hätte sterben sollen, hätte ich eine unbeschreibliche Angst gehabt. Nicht so meine Mutter! Sie spürte wohl, dass es mit ihr zu Ende ging, aber ihr Angesicht leuchtete, wie wenn sie etwas Wunderbares sehen könnte, was ich nicht sah. Ich wusste, dass sie spürte: „Was Gott verheissen, hält auch im Sterben, im heissen Fieber, wenn Leben schwindet, wenn Heilands Hände dann für uns werben, was Gott verheissen, stirbt nie!" (Verfasser der Autorin nicht bekannt).

In diesen Augenblicken merkte ich, dass meine Mutter etwas hatte, was mir fehlte. Dieses geheimnisvolle Etwas wollte ich auf jeden Fall auch haben, wenn ich einmal sterben musste. Ich wusste nicht, was es war, noch, wo es zu finden wäre, aber ich spürte, dass es etwas mit dem Glauben zu tun haben musste. Ich glaubte zwar schon seit meiner Kindheit an Gott und es war mir ernst damit, Jesus nachzufolgen, aber das, was man „Bekehrung" nennt, kannte ich nicht.

Also machte ich mich auf die Suche. Ich suchte in vielen Kirchen und Gemeinden und auch bei Sekten, doch ohne Erfolg. In den Kirchen fand ich es nicht, ebenso wenig bei den Mormonen, der Neuapostolischen Kirche, den Zeugen Jehovas oder den Urchristen. Sechs Jahre später, ich hatte schon fast die Hoffnung aufgegeben, fand ich eine Einladung zu einer Zeltevangelisation in Meiringen im Briefkasten. Ich dachte, dass das sicher auch so eine Sekte sei, trotzdem traf ich mit Gott eine Abmachung. Ich bat ihn, mir drei voneinander unabhängige Einladungen zu senden. Wenn ich diese bekam, würde ich hingehen und mir die Botschaft anhören.

Einen Tag später kamen zwei junge Frauen und luden mich zur Zeltmission ein. Das war die zweite Einladung! Es vergingen zwei oder drei weitere Tage, ohne dass etwas passierte. Doch dann kam unerwartet ein Brief von meiner Cousine. Sie lud mich ein, zur Zeltmission zu gehen, denn meine Mutter war auch schon einmal dort gewesen! Nun hatte ich die Bestätigung.

Also machte ich mich noch am selben Tag auf den Weg und besuchte am Abend die Versammlung. Es wurde über den reichen Kornbauer aus Lukas 12,20 gesprochen. Gott sagt zu ihm: „Du Narr! Diese Nacht wird man deine Seele von dir fordern; und wem wird dann gehören, was du angehäuft hast?" Am Schluss der Versammlung wurde dazu aufgerufen, die Entscheidung nicht hinauszuschieben. Wenn jemand Jesus ganz bewusst in sein Leben aufnehmen wollte, sollte er es jetzt tun, da man nie weiss, wann die letzte Stunde schlägt.

Mein Herz jubelte, denn ich wusste nun ganz genau, was meiner sterbenden Mutter so viel Kraft und Freude gegeben hatte. Ja, das war es, was ich so viele Jahre gesucht hatte! Ich blieb an diesem Abend zurück und übergab mein Leben ganz bewusst meinem Herrn und Heiland, der am Kreuz für mich bezahlt hatte. Seitdem steht mein Name auch im Buch des Lebens, von dem in Offenbarung 20,15 berichtet wird: „Wenn jemand nicht gefunden wurde geschrieben in dem Buch des Lebens, der wurde geworfen in den feurigen Pfuhl."

Es spielt keine Rolle, ob wir das glauben wollen oder nicht. Das ist Gottes Wort und es wird so geschehen! Gott lügt nicht, und wir tun gut daran, wenn wir ihm glauben! Schlimm wird es in der Ewigkeit für jeden Menschen werden, der nicht geglaubt hat. Wir leben auf dieser Erde, damit wir die Möglichkeit haben, uns zu entscheiden, wo wir die Ewigkeit verbringen wollen. Gott zwingt niemanden, es gibt nur Freiwillige im Himmel und Freiwillige in der Hölle.

Vorher hatte ich immer geglaubt, dass Gott an mir sicher Freude habe, denn ich tat viel für Kranke und alte Menschen und ich war doch getauft und konfirmiert. An diesem Abend stieg ich allerdings sofort von meinem Ross der Selbstgefälligkeit herunter. Ich wusste, dass ich ohne Jesu Vergebung mit meinen Sünden verloren gehen würde.

Wir „sind allesamt Sünder und ermangeln des Ruhmes, den [wir] bei Gott haben sollten" (Römer 3,23). „Da ist keiner, der Gutes tut, auch nicht einer" (Römer 3,12).

Aber Gott schenkt uns einen Ausweg: „Heute, wenn ihr seine Stimme hören werdet, so verstockt eure Herzen nicht" (Hebräer 3,15). Diesen Ruf hatte ich vernommen und ich wusste, wie wichtig das *Heute* ist, denn morgen schon kann es zu spät sein! In der Ewigkeit gibt es keine Chance mehr, umzukehren und etwas zu regeln. Ein Lied von Hans Gurtner bringt das zum Ausdruck:

Wirst du bestehen

Wirst du bestehen, wenn heute oder morgen
der Ruf erscheint, wach auf, es kommt der
Herr!
Hat deine Lampe Öl, musst keins du
borgen?
Wenn's ist zu spät, kein Freund dir borget
mehr!

Wirst du bestehen? Der Herr hat selbst
gesprochen,
dass der Gerechte kaum erhalten wird.
Hast du nicht oft des Herrn Gebot
gebrochen?
Ein Leben voller Schuld und Fehl geführt?
Wirst mit den eignen Werken du bestehen,

wenn du auf Gottes Waage wirst gestellt?
Wird's dir wie Babels König dort ergehen,
vor dem gerechten Urteil, das Gott fällt?

Wirst du bestehen, dort an der
Himmelspforte,
wo zum Gericht die Bücher offen sind.
Wo all dein Tun, ja selbst unnütze Worte,
von jedem Tag genau verzeichnet sind?

Wirst du bestehen? O welche bange Frage.
Die Stunde kommt, die Gnadenzeit enteilt.
Mach dich bereit, dass du an jenem Tage
auch eingehen kannst mit uns zur
Herrlichkeit!

Ich spürte, dass Jesus mich rief und sagte: „Ich stehe vor der Tür und klopfe an!" (Offenbarung 3,20). Ich machte mich ernstlich auf und nahm ihn ganz bewusst als meinen Erlöser und Heiland an!

Nun bekam ich so viel Freude und einen Frieden ins Herz, der sich nicht erklären lässt. Mir ging es jetzt wie Sadhu Sundar Singh, der schrieb:

Ich bin entschieden, zu folgen Jesus

Ich bin entschieden, zu folgen Jesus,
niemals zurück, niemals zurück.

Die Welt liegt hinter mir,
das Kreuz steht vor mir,
niemals zurück, niemals zurück.

Ob niemand mit mir geht,
doch will ich folgen.
Niemals zurück, niemals zurück!

(Text: Sadhu Sundar Singh;
Übersetzung: Anton Schulte, überliefert)

Eine harte Lehre

Nach Erika-Johanna bekamen wir zwei Jungen, Marcel und Roger. Als Erika etwa acht, Marcel vier und Roger etwa drei Jahre alt war, war ich bei einem Jugendlager der Zeltevangelisation. Am letzten Tag war ich ohne die Kinder, die ich bei befreundeten Familien untergebracht hatte, dort. Der Evangelist, der das Lager leitete, räumte für die Anwesenden eine Zeit ein, um Zeugnis zu geben. Da spürte ich ganz genau, dass ich an der Reihe war. Doch ich wagte es nicht, aufzustehen und zu sprechen.

Ich suchte in meiner Bibel, ob es vielleicht eine Entschuldigung für mein Zögern gab. Doch dem war nicht so! Wo ich auch immer ich eine Seite aufschlug, hiess es: „Mut zum freudigen Bekennen" oder „wer mich vor den Menschen bekennt..." Trotzdem fand ich diesen Mut nicht. Die Zeit zum Zeugnisgeben ging dem Ende zu. Ich wusste, dass ich falsch handelte und war zu Tode betrübt.

In der Pause verzog ich mich in eine Ecke und bat Gott um Vergebung. Danach schlug ich meine Bibel auf und zu meinem Schrecken las ich: „Wenn du aber nicht gehorchen wirst der Stimme des Herrn, deines Gottes, und wirst nicht halten und tun alle seine Gebote und Rechte, die ich dir heute gebiete, so werden alle diese Flüche über dich kommen und dich treffen. [...] Der Herr wird unter dich senden Unfrieden, Unruhe und Unglück in allem, was du unternimmst" (5. Mose 28,15.20).

Traurig schloss ich meine Bibel. Als ich meinen Sohn Marcel abholen wollte, sagte mir meine Freundin, die ihn betreut hatte, dass er mit seinem Fahrrad gestürzt sei und sich eine Gehirnerschütterung zugezogen habe. Der Sturz war genau zu der Stunde geschehen, als ich keinen Mut zum Zeugnis gehabt hatte.

Darauf bat ich meinen Gott, mein Versagen doch nicht an den Kindern zu rächen, es war ganz allein meine Schuld.

Bald darauf fuhr Marcel mit dem Fahrrad zu nahe am Wasser des reissenden Alpbachs und rutschte hinein. Gott sei Dank konnte er sich aus den Fluten retten. Weiter flussabwärts zogen Leute das Fahrrad aus dem Treibgutrechen und machten sich grosse Sorgen um das Kind, das auf dem Fahrrad gefahren war. Marcel kam derweil pudelnass, aber unverletzt, zu Hause an und ich war heilfroh, dass Gottes Engel ihn bei diesem Sturz ins Wasser bewahrt hatten.

An einem anderen Tag ging unsere älteste Tochter, die damals etwa acht Jahre alt war, im Brienzersee schwimmen. Als ein grosser Dampfer kam, schwamm sie wie alle Kinder zu den Wellen, die das Schiff verursachte. Dabei geriet sie zu nahe an den Dampfer. Der Sog drückte sie unter Wasser und ich glaubte schon, sie würde ertrinken. Doch sie wurde dem Tod entrissen und ich konnte sie kurz darauf in meine Arme schliessen. Sie zitterte noch lange am ganzen Leib. Dies wurde ihr eine Lehre für das ganze Leben, seither mied sie Schiffe.

Aber noch immer war es nicht genug. An einem schönen Herbsttag wollten wir Heidelbeeren pflücken gehen. Mein Mann und ich holten unsere Mofas, jeder von uns hob einen der Jungen in seinen Kindersitz und wir fuhren los. Nach etwa einer Stunde erreichten wir den Wald und erlösten Marcel und Roger von der holperigen Fahrt. Rasch kletterten sie auf die Bäume, während wir Beeren pflückten. Auf einmal hörten wir ein Rascheln und zugleich den Hilferuf unseres Jüngsten. Wir eilten zu dem Baum und sahen gerade noch, wie er aus dem Baum purzelte. Er fiel wie ein Gummiball auf den bemoosten Waldboden und blieb eine Weile, die uns wie eine Ewigkeit erschien, regungslos liegen.

Kurz darauf begann er, leise vor sich hin zu jammern. Es erschien uns das Beste, ein wenig zu warten, um zu sehen, ob er es schaffte, alleine wieder aufzustehen. Wenn nicht, mussten wir annehmen, dass er schwer verletzt war. Dann war es besser, ihn nicht zu bewegen, im schlimmsten Fall mussten wir den Rettungshelikopter anfordern. Da ich zu dieser Zeit als Samariter im Samariter-Verein mitmachte, hatte ich Gott sei Dank das Wissen, wie man in so einem Fall reagieren und handeln muss.

Wir waren sehr erleichtert, als Roger kurz darauf wieder aufstand. Sicherheitshalber fuhr ich mit ihm noch ins Spital nach Meiringen, wo er untersucht wurde. Etwa eine Stunde später sagte der Arzt freundlich: „Dieses Kind hatte wohl einen Schutzengel, es fehlt ihm nichts."

Auch hier erfuhr unser Kind Bewahrung!

Zu meiner Erleichterung hörte ich, dass das Evangelisationszelt bald erneut kommen würde. Ich nahm mir vor, gleich am ersten Tag mein Zeugnis zu geben und das zu tun, was der Herr mir aufgetragen hatte. Das Wunder geschah, nach diesem Zeugnis hörten die Unfälle auf.

Ich konnte nur danken für die wunderbaren Bewahrungen in all diesen Unfällen! Für mich war das Ganze eine Warnung. In Zukunft wollte ich mit Gottes Hilfe seinem Ruf sofort gehorchen.

Der Kopfsalat

Mein Mann arbeitete als Koch und verdiente dabei nicht sonderlich viel. Wir hatten zu dieser Zeit bereits drei Kinder, und meine jüngste Schwester Berteli lebte ebenfalls bei uns. Eines Tages überlegte ich, was ich mit dem, was ich im Haus hatte, zum Mittagessen kochen könnte. Mein Portemonnaie war leer, ich konnte also nichts einkaufen. Auf einmal kam mir eine Begebenheit aus der Kindheit meiner Mutter in den Sinn, die sie mir einmal erzählt hatte.

Meine Mutter ist mit vier Brüdern aufgewachsen. Als sie noch sehr klein war, wurde ihr Vater, der damals bei der Bahn arbeitete, schwer krank und starb an den Folgen dieser Krankheit. Nun war ihre Mutter mit den fünf Kindern ganz alleine. Ihre Rente von den Schweizerischen Bundesbahnen reichte nur für das Allernötigste und manchmal war ihr Portemonnaie leer. Wenn die Jungen von der Schule kamen, war nichts Essbares auf dem Tisch. Nur die leeren Teller standen dort. Die Kinder fragten ihre Mutter, was es denn heute zu essen gebe, und meine Grossmutter, eine gläubige Frau, erwiderte: „Wir wollen erst einmal beten und dann schauen, was Gott uns beschert, ich weiss es beim besten Willen nicht."

So setzten sie sich alle an den Tisch vor die leeren Teller und beteten. Bald darauf klopfte es. Die Kinder schauten mit grossen Augen zur Tür. Meine Grossmutter öffnete sie und da stand eine Nachbarin mit einem grossen Apfelkuchen. Die Augen der Kinder strahlten vor Freude.

Als ich mich an diese Geschichte erinnerte, dachte ich: „Wenn das Beten damals funktioniert hatte, dann kann das auch heute noch passieren." Ich kniete nieder und brachte meinem Gott unsere schwierige Situation. Danach ging ich hinüber ins Nachbarhaus, um dort Wäsche zu machen. Als ich zurückkam, fand ich zu meinem Erstaunen einen grossen Kopfsalat vor meiner Haustür. Wie dankte ich da meinem Gott! Diese Gebetserhörung schenkte mir neuen Mut und grosses Vertrauen!

Erst viel später erzählte mir ein Nachbar, was er an diesem Tag erlebt hatte. In seinem Garten hatte er diesen wunderbaren Kopfsalat gesehen und gespürt, dass er ihn jemandem bringen sollte, er wusste nur noch nicht wem. Er schnitt ihn ab und fühlte, dass er ihn mir bringen sollte. Da ich nicht zu Hause war, legte er ihn mir einfach vor die Tür. So fand ich ihn, als es Zeit war, Essen zu machen.

Noch nie kam der Heiland zu spät!

Lehre mich glauben, Herr!

Unsere älteste Tochter war gerade mal dreizehn Jahre, als ich ein Wort vernahm, dass ich noch eine Tochter bekommen sollte. Ich glaubte das, und als ich bemerkte, dass ich schwanger war, begann ich, ein weisses Kleidchen zu häkeln. Als ich schon mehr als die Hälfte fertig hatte, fing ich plötzlich an zu zweifeln. Was sollte ich sagen, wenn ich Besuch bekam und mich jemand danach fragte? Da legte ich die Arbeit zur Seite und wollte sie erst nach der Geburt fertigstellen.

Es war ein ziemlich grosses und schweres Kind, und so leiteten die Ärzte gegen Ende des achten Monats die Geburt ein, weil sie fürchteten, dass es sonst Komplikationen geben könnte. Als sich aber nach Tagen immer noch nichts tat, wollte ich nach Hause und erklärte dem Arzt, dass die Geburtsstunde des Kindes doch jemand anderes bestimmen würde. Es wurde Neujahr und alles blieb still. Ich bat den Herrn, dass die Kleine an einem Sonntag kommen möchte.

Wir hatten noch keinen Namen für sie, deshalb betete ich um einen Namen. Während des Gebets hörte ich ganz klar und deutlich: Das Kind soll Rahel heissen! Ich war betroffen, mit einem solchen Namen hatte ich nicht gerechnet. Ich kannte kein Kind, das diesen Namen trug. Was würde mein Mann wohl dazu sagen? Als wir uns am Abend sahen, sagte ich ihm, dass Gott mir einen Namen gegeben hatte. „Welchen denn?", fragte er sichtlich erstaunt. „Rahel", antwortete ich.

Einen Augenblick blieb er stehen und dachte nach. Dann sah er auf und meinte: „Ja gut, wir müssen da jetzt gehorchen."

Für eine Weile blieb ich wie angewurzelt stehen. Ich konnte es nicht fassen, wie Gott in dieser Angelegenheit wirkte. Nun, da die Sache mit dem Namen geregelt war, wartete ich getrost auf die Geburt. Sie kam an einem strahlend schönen Sonntagmorgen, am 25. Januar um acht Uhr. Ich fragte meinen Mann, der das Kind zuerst sah: „Was ist es, ein Junge oder ein Mädchen?" Seine Antwort war kurz und bündig: „Es ist ein Mädchen, das wussten wir doch!" Ich konnte es erst in diesem Moment richtig glauben, obwohl ich die Verheissung bekommen hatte.

So kann ich nur immer wieder beten: „Lehre mich glauben, Herr, kindlich vertrauensvoll!"

Ziegen in Not

Im Jahr 1981 konnte ich die Alp Spycherberg oberhalb Innertkirchen für zwei Jahre pachten. Unsere Jüngste, Rahel, war gerade fünf Jahre alt. Für uns beide gab es dort viel Arbeit, denn damals besassen wir noch keine Melkmaschine, und hundert Milchziegen abends und morgens zu melken, bedeutete zwei Stunden Handarbeit. Waren die Ziegen gemolken, mussten wir von etwa zweihundert Liter Milch Ziegenkäse produzieren. Nach dem Käsen wurde dann der zarte Zieger gemacht und schon war es Zeit, um das Mittagessen vorzubereiten.

In den Ferien waren die Jungs mit uns auf der Alp. Während ich mit den Kindern oben die Arbeit verrichtete, erledigte mein Mann zu Hause die Arbeit im Garten und machte die ganze Wäsche, die er uns dann mit den nötigen Lebensmitteln jede Woche hochbrachte. Erika-Johanna war damals schon fast erwachsen und arbeitete in einem Geschäft in Interlaken, aber an ihren freien Tagen besuchte sie uns oft.

Rahel liebte das Leben auf der Alp. Sie sprang damals immer mit einem kleinen Zicklein um die Wette. Das war lustig anzuschauen. Das Kind wollte unbedingt gewinnen, aber Urseli, wie sie das Zicklein nannte, war immer schneller. Doch bis zum Herbst gewann Rahel das Rennen. Sie kam ganz stolz angelaufen und war noch völlig ausser Atem, als sie mir den Ausgang des Wettrennens kundtat.

Eines Abends, als wir schon alle im Bett waren, hörte ich ein jämmerliches Gemecker. Ich ging dem Ton nach, fand aber nichts, was auf eine Ziege hingedeutet hätte. Dann meckerte es erneut, doch es war zu dunkel, um etwas zu erkennen. Diese Ziege musste die anderen verloren haben, als sie sich von der Hütte entfernten. Ich ging weiter dem kläglichen Gemecker nach und fand schliesslich das arme Tier, das sich in einem Drahtgeflecht verfangen hatte. Ich zog an seinen Hörnern, doch ohne Erfolg.

Es war ziemlich kalt und ich stand nur im Nachthemd da draussen. Doch die Ziege brauchte Hilfe. Um besser sehen zu können, stellte ich meine Gaslaterne auf einen Stein. Zu meinem Entsetzen erkannte ich, dass die Ziege ihre Beine derart im Draht verwickelt hatte, dass dieser sie abgeschnürt hatte. Die Beine waren ganz kalt und wahrscheinlich auch gefühllos. Nach längerer Zeit gelang es mir, die Ziege freizubekommen. Der gefühllosen Beine wegen konnte das arme Tier nicht einmal mehr stehen. Ich setzte all meine Kraft ein, um die Ziege aus ihrem Loch herauszuheben, und schliesslich gelang es mir, sie auf einen grossen, flachen Stein zu legen, damit sie sich erholen und das Blut wieder fliessen konnte. Ich tätschelte ihr den Hals, um gute Nacht zu sagen, und eilte zurück ins warme Bett.

Die vorher ziemlich scheue Ziege kam am nächsten Morgen und rieb ihren Kopf an meiner Seite, als wolle sie sich bei mir für ihre Rettung bedanken. Dieses Ritual wiederholte sie nun jeden Tag, bis der Eigentümer sie am Ende des Sommers abholte.

Eines Morgens fehlten drei Ziegen eines älteren Eigentümers aus Meiringen. Ich vermutete, dass eine davon einen Unfall gehabt hatte und die anderen zwei bei ihr geblieben waren, da sie aus demselben Stall stammten. Ich war bereits am Käsen, als Rahel zu mir gesprungen kam mit der Kunde, dass die fehlenden Ziegen im Anmarsch seien, eine davon auf nur drei Beinen. Sofort eilte ich ihnen entgegen. Da streckte mir die verletzte Ziege ihr Bein hin, wie wenn sie sagen wollte: „Da, schau, ich habe mich verletzt."

Es war nicht schwer, auszumachen, dass das Bein gebrochen war. Wir versuchten es zu schienen, doch wir hatten keinen Gips und nur mit Holzschindeln gelang es nicht. Am nächsten Morgen hatte sich der Knochen durch das Fell gebohrt und es blutete. Die Ziege war nicht mehr zu retten. Ich selber konnte sie jedoch nicht töten und sie Schmerzen leiden zu sehen, war für uns alle nicht leicht. So betete ich und bat den himmlischen Vater um Hilfe. Ich flehte ihn an, uns einen Mann zu schicken, der die Ziege töten konnte. Da wir eine Seilbahn hatten, die ins Tal hinunterreichte, wollte ich danach dem Eigentümer in der Transportkiste das Fleisch schicken. Die Kiste war so gross, dass selbst ein Schwein hineinpasste.

Etwa eine Stunde nach dem Gebet kam ein Bekannter von uns, um uns einen Besuch abzustatten. Ich lief ihm entgegen, begrüsste ihn und sagte erleichtert: „Dich schickt der Himmel. Kannst du eine Ziege töten und mit der Seilbahn ins Tal hinablassen?" Er bejahte und erlöste die Ziege von ihren Schmerzen.

Auch hier hat sich der himmlische Vater treu erwiesen und ich konnte ihm von ganzem Herzen danken!

Schweine auf der Alp

An einem Abend wollten wir gerade ins Bett, als ich hörte, dass sich die Schweine noch im Ziegenstall befanden. Ich forderte Marcel und Roger auf, die Schweine hinauszujagen. Ein Schwein jedoch wollte gerne im Stall bleiben. Es sprang immer im Kreis umher und die Jungs hintendrein. Da Schweine nicht schwitzen können, fiel es auf einmal hin und starb an Herzversagen.

Als die Jungs nach mir riefen, lief ich gleich zum Stall. In der Eile bemerkte ich nicht, dass Rahel mir auf den Fersen folgte. Kaum war ich im Stall angekommen, lief die Kleine auf das tote Schwein zu und legte ihren Finger in das offene Auge. Mit wichtiger Miene erklärte sie: „Es ist tot, ich habe den Augentest gemacht, das Schwein ist wirklich tot!"

Mir war bei dieser Diagnose, so drollig sie auch war, nicht zum Lachen zumute. Was sollten wir jetzt tun? Wir waren ganz auf uns selbst angewiesen, denn mein Mann war ja unten im Tal. Es trennten uns ungefähr drei Stunden, bis er bei uns sein konnte, würde es zu spät sein, das Tier zu stechen. Uns blieb nichts weiter übrig, als diese unschöne Arbeit selber zu übernehmen.

Die Jungs, die damals etwa vierzehn und fünfzehn Jahre alt waren, stellten sich nach langem Überlegen zur Verfügung. Ich war heilfroh, dass ich diese Arbeit nicht tun musste, denn als Metzger war ich nicht zu gebrauchen. Nach getaner Arbeit riefen mich die beiden, damit ich sehen konnte, ob sie es auch recht gemacht hätten. Sie hatten ihm fast den ganzen Kopf abgeschnitten, um sicherzugehen, dass es nicht mehr lebte.

Auf dieser Alp hatten wir einen Telefonanschluss, das erwies sich in solch schwierigen Situationen als ein grosser Vorteil. Ich rief meinen Mann an und bat ihn, ins Mühletal zur Seilbahn zu kommen. Das Schwein liessen wir ihm mit der Seilbahn hinab, so konnte das Fleisch noch verwertet werden.

An diesem Abend dauerte es noch eine ganze Weile, bis wir uns wieder beruhigt hatten. Lange lag ich wach im Bett und dachte über alles nach. Die Arbeit auf der Alp belastete mich nicht, denn ich war sie schon aus meiner Kindheit gewohnt. Aber in solchen Situationen war ich ohne Mann hilflos. Diesen Mangel sah der himmlische Vater. Er hielt in solchen Lagen immer zu uns und sandte Hilfe zur rechten Zeit.

Heimliche Flucht

Manchmal gingen uns auf der Alp die Lebensmittel aus. Einmal hielten wir uns zwei Tage mit Heidelbeeren und Pilzen über Wasser. Deshalb beschloss ich, mit unserer Jüngsten ins Tal zu fahren, um einzukaufen. Der Ziegen wegen wollten wir uns ganz still und heimlich davonmachen.

Doch es kam ganz anders. Meine Lieblingsziege hatte unheimlich gute Augen und schaute immer genau, was ich unternahm. Auch dieses Mal war das nicht anders. Kaum waren wir ein paar Schritte gelaufen, bimmelte ein wohlbekanntes Glöcklein hinter uns her. Wie konnte es auch anders sein! Meine Ziege führte die ganze Herde von 150 Ziegen und Zicklein hinter uns an. Nein, so ging das natürlich nicht. Wir kehrten um und taten so, als gingen wir zurück in die Hütte.

Als wir sahen, dass sich die Ziegen wieder hingelegt hatten, versuchten wir von unten durch das Brennnesselfeld zu entkommen. Das gelang uns zwar, doch wir behielten ein Andenken von diesen Kräutern, das wir noch eine ganze Weile spürten.

Wir waren froh, als wir weiter unten wieder den Weg erreichten, der uns ins Tal führte. Zu Hause in Oberried angekommen, erlaubte ich der Kleinen, etwas im See zu baden, da Rahel zu diesem Zeitpunkt bereits sehr gut ohne Schwimmhilfen schwimmen konnte. Der See lag direkt unterhalb von unserem Haus und in Sichtweite, sodass ich immer mal wieder nach ihr schauen konnte, während ich in der Waschküche beschäftigt war und das Mittagsessen für meinen Mann und uns vorbereitete. Wie freute sich die Kleine über diese Abkühlung!

Nachdem ich die Wäsche eingepackt hatte, machten wir uns mit dem Auto sofort wieder auf den Weg, um einzukaufen. Dann verstauten wir die Lebensmittel im Kofferraum und fuhren weiter, damit wir rechtzeitig zum Melken wieder droben wären.

Oben angekommen mussten wir alles in unsere Rucksäcke packen und noch eine gute halbe Stunde zu Fuss zurücklegen. Doch wir hatten ein wenig zu viel eingekauft. Wie sollte ich nun mit einem fünf Jahre alten Kind so schwere Lasten bis hinauf zur Hütte tragen? Sollte ich etwas zurücklassen, um es später zu holen? Da hörten wir auf einmal einen Jauchzer. Das war mein jüngerer Sohn! Nach ein paar schnellen Sprüngen kam Roger beim Auto an. Er packte die halbe Last auf seine Schultern und wir luden uns den Rest auf. Wieder einmal stieg ein Dankgebet zum Himmel auf.

Zum letzten Mal auf der Alp

Tags darauf kam mein Vater, der schon 84 Jahre alt war, zu uns auf die Alp. Unsere Freude war gross, als wir ihn kommen sahen. Er wollte eine ganze Woche bei uns bleiben. Er hat in seinem Leben immer viel gearbeitet. So war es kein Wunder, dass er im Alter nicht mehr aufrecht gehen konnte. Doch das hielt ihn nicht davon ab, uns zu helfen.

Ich habe sehr viele schöne Erinnerungen an meinen Vater. Einmal zeigte er mir beim grossen Bach Spuren, die ich zwar schon gesehen hatte, aber von denen ich nicht wusste, woher sie stammten. Er erzählte mir, dass das Eisenerz, das auf Planplatten in grossen Mengen vorhanden war, dort abgebaut wurde und dann auf grossen Hornschlitten, Hori genannt, ins Mühletal gebracht wurde, um es dort im heissen Ofen zu schmelzen. Das Eisen, das dann zurückblieb, wurde zu Werkzeugen und allem Möglichen anderen verarbeitet. Die Spuren beim grossen Bach sind die aus dem Felsen herausgehauenen Tritte und die Spuren der Kufen des Hornschlittens. Wenn ich es nicht selber gesehen hätte, hätte ich es nicht für möglich halten, dass an so einem gefährlichen Ort solche Transporte möglich waren.

Einmal schrieb mein Vater ein lustiges Gedicht:

Geiss und Bänz[11] *belebt die Flur*
in der stillen Bergnatur.
Mancher Wanderer labt sich schnell
an dem frischen, klaren Quell,
diesen nennt man Ochsenbrunnen,
keiner wird darüber brummen!

Dieser „Ochsenbrunnen" war unter anderem auch unser Kühlschrank!

Nun war auf unserer Alp an der Seilbahn ein Holzmast altershalber etwas morsch geworden, sodass die geladene Bahn fast den Boden berührte. Diesen wollte Vater durch einen neuen Mast ersetzen. Er nahm seine Motorsäge und machte sich an die Arbeit. Am nächsten Tag stand ein schöner neuer Mast dort!

Es freute mich sehr, dass Vater noch einmal bei uns sein durfte, denn es war das letzte Mal. Er starb kurze Zeit später an einer unheilbaren Krankheit.

---

11 Ziege und Schaf.

Der Trotzkopf einer Ziege

Einmal hatten wir einen Trotzkopf auf unserer Alp. Ja, diese Ziege hatte es in sich. Sie wollte unter keinen Umständen bei uns auf der Alp bleiben, sie hatte wohl Heimweh nach ihrem rechtmässigen Besitzer. Es verging kaum ein Tag, an dem sie nicht nach unten zum Verladeplatz ging. Da mussten wir dann die Ziege wieder heraufholen.

An einem Tag lief ich nach dem Käsen los. Die Ziege wartete geduldig mit hängendem Kopf genau an der Stelle, wo ihr Besitzer sie abgeliefert hatte. Weil wir wussten, dass ein Luchs hier heimisch geworden war, beeilte ich mich, denn diesem Tier wollte ich nicht begegnen.

Als ich mit der Ziege im Wald vor der Hütte angelangt war, erschrak ich sehr. Der Luchs, fast so gross wie ein Hund, wollte mit einem gewaltigen Satz den Weg überqueren. Noch in der Luft drehte es ab und sprang mit schnellen Sprüngen in den Wald nach unten. Ich war mir nicht sicher, wer von uns dreien am meisten Angst gehabt hatte.

Nun hatte ich alle Mühe, die Ziege weiter den Berg hinaufzubringen. Sie legte sich einfach nieder, in der Hoffnung dableiben zu dürfen, um bei der nächsten Gelegenheit wieder nach unten zu gehen. Sie glaubte wohl, ihr Besitzer würde sie bald abholen. Doch da hatte sie sich verrechnet. Ich packte sie am Fell, an den Ohren und an den Hörnern. So böse war ich noch nie bei einem Tier gewesen wie bei dieser Ziege! Sie sollte nun endlich wissen, wo sie hingehörte!

Dieses Erlebnis zeigt der Ziege, dass sie nun bei uns zu bleiben hatte. Das sonst eher scheue Tier liess sich von diesem Augenblick an problemlos von mir melken. Sobald wir den Stall zum Melken betraten, kam es zu mir, steckte seinen Kopf unter meinen Arm und verharrte so, bis ich es molk. Danach trottete es wieder zu den anderen Ziegen und war sichtlich zufrieden. Wenn es mir aus einem Grunde nicht möglich war, sie zu melken, erzählten meine Kinder, dass die Ziege nur ganz wenig Milch gegeben habe. So behielt sie dieses Ritual bei bis in den Herbst.

Als ihr Besitzer sie holen wollte, steckte sie ihren Kopf unter meinen Arm und liess sich in keinster Weise zum Gehen bewegen. Das Gute daran war, dass ich diese Ziege dadurch dem Eigentümer abkaufen konnte. Bis zur Alpabfahrt kamen noch weitere vier Ziegen dazu. Jetzt hatten wir eine eigene kleine Herde.

Ein weiteres kleines Zicklein lief mir immer nach. Es hatte die Angewohnheit, immer zwischen meinen Beinen zu laufen, was für mich nicht unbedingt praktisch war. Doch es wollte sich nicht dazu bewegen lassen, an meiner Seite zu gehen. Nun, ich liess es gewähren. Es fühlte sich wohl so am sichersten und wusste, dass ihm hier nichts geschehen konnte, ganz nahe bei mir.

Fühlte ich mich auch so nahe bei unserem himmlischen Vater? Wie schnell man doch so etwas vergisst.

Gefährliche Felsen

Es war ein sehr heisser und schöner Tag, als ich mich aufmachte, um die Rinder zu zählen. Ich brauchte etwa eine halbe Stunde, bis ich zu ihnen gelangte. Als ich sie sah, erschrak ich. Die Rinder waren an einer gefährlichen Stelle oberhalb eines grossen Felsens. Vorsichtig trieb ich sie nach unten, wohl wissend, was für eine grosse Gefahr bestand, dass eines ausrutschen und sich schwer verletzen konnte.

Plötzlich passierte es. Eine tragende Kuh stand zu weit am Felsvorsprung, rutschte aus und fiel hinab. Die Treichel[12] des Tiers schlug auf dem Felsen auf und ich sah sie nicht mehr. So schnell mich meine Beine trugen, lief ich nach unten. Ich ahnte Schlimmes. Unterwegs betete ich: „Lieber Gott, hilf du, dass das Tier noch lebt und es ihm gut geht! Sollte es tot sein, müsste ich es stechen und das geht gar nicht, schon deswegen, weil ich gar kein Messer bei mir habe." Nein, die Metzgerarbeit war nichts für mich. Und vor dem Gedanken, ein leidendes Tier nicht von seinen Schmerzen erlösen zu können, graute mir ebenfalls.

Als ich unten ankam, sah ich, dass die Kuh auf drei Beinen stand. Ein Bein hielt sie hoch und ich nahm an, dass es gebrochen war. Zu sehen war eine schwarze Spur, die das Tier hinterlassen hatte, während es fiel.

---

12   Kuhglocke.

Aus dem Maul floss Blut. Sorgfältig tastete ich das verletzte Bein nach einem möglichen Knochenbruch ab. Unten an der Fessel schien etwas nicht in Ordnung zu sein. Ich liess die anderen Rinder, wo sie sich zu diesem Zeitpunkt befanden, denn das schien mir das Sicherste. Dann lief ich so schnell wie möglich zur Hütte, wo ich Verbandmaterial und Holzschindeln zum Schienen holte, da wir nichts anderes hatten.

Als ich mit dem Material hochkam, stand die Kuh immer noch am selben Fleck. Nun machte ich mich an die Arbeit und schiente ihr Bein. Das Wasser, das ich ihr anbot, verweigerte sie. Weil sich hier ein ebenes Plätzchen bot, liess ich die Kuh, nachdem ich sie versorgt hatte, allein zurück. Am nächsten Tag wollte ich wieder nach ihr sehen.

Als ich am Morgen darauf den Platz aufsuchte, an dem ich die Tiere verlassen hatte, war keines mehr zu sehen. Ich folgte den Spuren, die sie hinterlassen hatten, und fand zu meinem grossen Erstaunen alle Rinder friedlich grasend. Dem vermeintlich verletzten Tier nahm ich den Verband ab und da stand es auf allen vieren auf dem Boden, als wäre nichts geschehen. Wieder einmal stieg ein heisses Dankeschön zum himmlischen Vater hoch.

Versstiegen

An einem Morgen stieg die Sonne im Osten blutrot auf. Wir sassen gerade beim Frühstück, als wir die Glocken von unseren Ziegen vernahmen. Nun hiess es sich beeilen, denn wir mussten das Salz streuen, bevor sie ankamen. In jeden Stall passten gut dreissig Ziegen. Wir standen immer vor der Türe, um sie zu zählen und zu kontrollieren, dass kein Tier fehlte.

Auch an diesem Morgen liefen wir zu den Ställen, wo wir Salz auf die Barne[13] streuten. Beim Zählen bemerkten wir, dass zehn fehlten, dazu auch die Hälfte der Zicklein. Nach dem Melken und Käsen machten wir uns auf die Suche. Doch wir fanden sie nicht und mussten unverrichteter Dinge zur Hütte zurückkehren. Der Umstand, dass wir diese Alp noch nicht so gut kannten, erschwerte uns die Suche gewaltig.

Gegen Abend machte ich mich nochmals auf die Suche. Mir wurde klar, dass sie nur an einem Ort sein konnten. Sicher hatten sie sich verstiegen. Ziegen haben nicht gerne nasse Füsse. Ein Bach kann dafür sorgen, dass sie an einem Ort bleiben und nicht mehr zum Stall zurückkehren. Die Stelle, wo ich sie vermutete, lag auf einem Felsen und zwischen zwei Bächen. Das Rauschen dieser Bäche erschwerte meine Suche zusätzlich. Ich musste mich sehr anstrengen, um keine Ziegenglocken

---

13 Querlatten, an denen die Tiere angebunden werden.

zu überhören. Nun war ich unten am Felsen angekommen und kletterte nach oben. Immer wieder rief ich nach den Tieren in der Hoffnung, etwas von ihnen zu hören. Doch ich konnte nichts vernehmen, was auf sie hingedeutet hätte.

Als ich oben ankam, war keine Spur von den Ziegen zu sehen. Müde und niedergeschlagen machte ich mich auf den Heimweg. In dieser Nacht weckten mich immer wieder wirre Träume und ich suchte im Geist unsere Ziegen.

Am nächsten Morgen waren die fehlenden Tiere immer noch nicht bei der Herde. An diesem Tag sollten auch die Kinder beim Suchen helfen. Wir machten uns gemeinsam auf den Weg und teilten uns unten bei den Bächen auf. Wir verabredeten ein Signal, mit dem wir, wenn einer von uns die Ziegen fand, die anderen informieren konnten, damit sie nicht weiter suchten. Wir konnten alle durch die Finger pfeifen, was ein grosser Vorteil war, denn Rufe hörte man in dieser Umgebung fast nicht.

Ich stieg ganz in der Nähe des Ortes hoch, an dem ich am Vortag gesucht hatte. Das Bachbett war sehr glitschig und ich musste aufpassen, dass ich nicht hinunterfiel. Den Felsen umging ich und kam dann von oben herunter zu dem Platz, wo ich sie vermutete. Wieder rief ich und diesmal hörte ich ein leises Meckern, das ich gut kannte, es war eines meiner lieben Kleinen. Darauf war wieder alles still.

Meiner Meinung nach war ich nun hoch genug. Noch einmal musste ich einen Felsen umgehen. Das dichte

Gestrüpp erschwerte mir das Vorwärtskommen sehr. Endlich war ich durch, nun musste ich noch ein wenig nach unten klettern, da mir wieder ein Felsen den direkten Weg versperrte. Endlich war ich auf dem Platz, wo ich zu meiner Freude alle fehlenden Ziegen wohlbehalten vorfand. Laut meckernd drängten sie sich um mich, mit prall gefüllten Eutern. Die hungrigen Tiere hatten alle Pflanzen, die sich hier befunden hatten, abgefressen, mitsamt den Erlenstauden.

Hier bestätigte sich, dass Ziegen furchtsamer, aber auch vorsichtiger sind, als allgemein angenommen wird. Nur deshalb waren sie an diesem Ort geblieben. Es gab hier keine andere Möglichkeit, als mit den Tieren den Bach zu überqueren. Doch das war nicht so einfach, denn kein einziges folgte mir. Da nahm ich kurzerhand zwei Ziegen am Halsband und zerrte sie wider ihren Willen und trotz heftigem Widerstand über den ziemlich breiten Bach. Endlich kam Leben in die zurückgebliebenen Tiere. Mit gewaltigen Sprüngen kamen sie mir nach.

Mit einem lauten Pfiff gab ich den Kindern Bescheid, dass sie die Suche abbrechen konnten. Das gab ein freudiges Wiedersehen bei der Hütte. Wir entleerten die prallen Euter und gaben die Milch den Schweinen, da sie sich zum Käsen nicht mehr eignete. Das Schmatzen der Schweine verriet uns, dass das für sie ein Sonntagsmahl war.

Als grosses Dankeschön für die Hilfe rieben die gefundenen Ziegen ihre Köpfe an uns und waren von diesem Tag an viel zutraulicher als vorher.

Abschied von der Alp

Einmal mehr zog der Herbst ins Land und es war, wie es im „Kühreihen zur Abfahrt von der Alp" von Gottlieb Jakob Kuhn heisst: „'s isch kei Nahrig meh hie obe, aber Heu, gottlob, im Tal."

Die vier Schweine, die wir auf der Alp hatten, wollten wir zuerst ins Tal zurückbringen. Bei dieser Arbeit half ich mit, denn auch die Schweine begleiteten mich, ohne dass ich sie treiben musste. Die Kinder und alle, die mit ihren Viehwagen gekommen waren, halfen mit den Ziegen, die alle bis auf eine bei der Hütte warteten, bis wir mit den Schweinen unten waren.

Beim Verladeplatz lief ich, so schnell ich konnte, zu unserem Auto, um mir den Abschied von den Ziegen zu ersparen. Doch es war schon zu spät. Meine Lieblingsziege stand mit den Vorderfüssen auf einem Stein und äugte zu mir hinüber, denn sie hatte mich erkannt. Sie gab mit einem Meckern bekannt, dass sie mich sah. Ein einziges Wort von mir hätte genügt und die ganze Herde wäre zu mir hingelaufen. Die Tränen standen mir in den Augen. Wie sehr die Eigentümer die Ziegen auch riefen, sie standen nur bewegungslos da und schauten unentwegt zu mir hinüber. Als wir alle im Auto sassen und ich losfuhr, sah ich im Rückspiegel, dass die Ziegen endlich bereit waren, mit den Männern zu gehen.

Diese Begebenheit zeigte mir, dass diese Tiere mich als ihren Hirten anerkannt hatten, ein Hirte, der sich einen ganzen Sommer liebevoll um sie gekümmert hatte. Solange die Ziegen ihren Hirten sahen, konnten die Eigentümer sie nicht dazu bewegen, ihnen zu gehorchen.

Da hatte ich wieder das Bild vom guten Hirten vor Augen. Ich nahm mir vor, auf diese Stimme zu hören, gerade so, wie meine Ziegen es mir vorgelebt hatten.

Schmutzige Zicklein

Im Winter, der auf diesen Sommer folgte, versorgte ich vierzehn Ziegen, neun davon sollten in den nächsten Tagen werfen. An einem Tag war ich mit meiner Tochter Rahel in der Heudiele, um das Heu bereit zu machen, als ich vom Stall her ein schwaches Meckern hörte. So schnell wie an diesem Tag war ich wahrscheinlich noch nie im Stall gewesen. Eine Ziege hatte geworfen und da lagen zwei schneeweisse Zicklein. Doch wie sahen sie aus? Das grössere und stärkere von beiden war ein Böcklein und lief zu meinem Schrecken schwarz und stinkend im Stall herum. Es suchte die Mutter, doch diese wollte von diesem Mist-Kind nichts wissen.

Das andere Zicklein lag im nassen Mistgraben. Zitternd vor Kälte schaute es zu mir auf. Hilflos zappelte es, die nasse, stinkende Umgebung war ihm sichtlich unangenehm. Was konnte ich jetzt mit diesen zweien anstellen? Draussen war es bitterkalt und ich hatte kein warmes Wasser, geschweige denn einen Stromanschluss. Der Schnee lag etwa fusshoch. Wenn ich die Kleinen so nach Hause getragen hätte, hätten sie sich bestimmt eine Lungenentzündung geholt, denn der Weg nach Hause war weit, ich brauchte bei diesem Schnee etwa eine halbe Stunde.

Kurzerhand wickelte ich die beiden zitternden Zicklein in meine Jacke und eilte so schnell wie nur möglich nach Hause, in die Wärme. Meine kleine Tochter schickte ich voraus mit den Worten: „Schnell, eile, lass warmes Wasser in die Badewanne." Rahel schoss wie eine Rakete davon, ich sah, dass das Training auf der Alp nicht vergeblich gewesen war!

Zu Hause angekommen schälte ich die beiden Zicklein aus ihrer Umhüllung. Flugs landeten sie in der Wanne im warmen Wasser. Mit Haarshampoo wurden sie nun gerubbelt und wir freuten uns, wie weiss, rein und glänzend ihr Fell danach aussah. Anschliessend holten wir ein frisches Badetuch und trockneten sie ab. Wir legten die beiden in meinen Wäschekorb und hielten sie mit meinem Haartrockner warm. Das klägliche Meckern hatte aufgehört und kurz darauf schliefen die beiden in ihrem warmen Bettchen ein. Später schaltete ich den Haartrockner aus und wir liessen die beiden etwas herumtoben, als sie wieder aufwachten.

Dann brachten wir sie zurück in den Stall. Wie ich vermutet hatte, nahm die Mutter ihre beiden Kinder, jetzt wo sie sauber waren, an. Sie schnupperte an ihnen, als wollte sie sichergehen, dass es auch die ihrigen waren. Im sauberen, frischen Stroh fühlten sich die Kleinen wohl.

Dieses Geschehen brachte mich zum Nachdenken. Auch ich war im Schmutz so unglücklich, deshalb bot mir Jesus seine Gnadenhand, um mich da herauszuführen. Das kostete Jesus nicht nur eine Jacke, nein, er musste sämtliche Kleider hergeben, und vor allem musste er sein Leben dafür lassen! *O wie wunderbar ist des Gotteslammes Liebestreu* (Verfasser der Autorin nicht bekannt)!

Aber nicht jeder erkennt das und oft tönt es heute auch so wie damals, als die Menge Jesu Tod forderte: „Hinweg mit diesem, wir wollen nicht, dass er über uns herrscht!" Viele Menschen wissen nicht, welch tragische Folgen dieses Abwenden von Jesus hat. Oft höre ich von Menschen, die meinen, dass sie zu vieles aufgeben müssten, was ihnen hier viel Freude bereitet, wenn sie Jesus nachfolgen würden. Vielleicht ist es auch die Angst davor, dass wir schlechte Angewohnheiten ablegen müssen, die wir nicht lassen wollen, die uns davon abhält, ihm zu folgen.

Hört ihr des Hirten Stimme so bang?

Der Frühling, der auf diesen Winter folgte, bedeutete für zwei Zicklein den Weg zum Metzger. Weil sie zu spät geboren worden waren, waren sie zu klein, um mit auf die Alp zu kommen. Es waren zwei liebe und sehr anhängliche Tiere und es tat mir leid um sie. Doch bevor wir zur Alp aufbrachen, waren die Ziegen noch eine Weile auf der Weide, die wir mit Maschendraht eingezäunt hatten. Das hielt zwar die anderen Ziegen zurück, aber diese Kleinen kamen ohne Mühe unter dem Zaun hindurch.

Es kamen dort sehr viele Wanderer vorbei, denen sich die Kleinen anschlossen. In der Folge verirrten sie sich im Wald und in den darüber liegenden Felsen. Drei Tage lang suchten wir vergeblich nach den Zicklein. Am vierten Tag kam ein Telefonanruf von einer Frau, die zwei junge Zicklein hoch oben auf einem Felsen gesichtet hatte. Natürlich hofften wir, dass es sich um unsere handelte, denn wir hatten schon befürchtet, dass eventuell der Luchs etwas mit ihrem Verschwinden zu tun gehabt haben könnte.

Weil es aber schon Abend war, machte ich mich erst am nächsten Morgen sehr zeitig auf die Suche. Beim Hochsteigen rief ich immer wieder ihre Namen. Wir hatten sie Hansi und Gabi genannt. Plötzlich hörte ich ein Meckern und erkannte ihre Stimmen, aber es war noch zu dunkel, um etwas zu erkennen.

Endlich kam ich unterhalb eines Felsen an und sah nun die Kleinen oben ganz am Abgrund stehen. Da die Zicklein mein Rufen von unten gehört hatten, wagten sie sich bis zur Felskante vor. Sofort stellte ich das Rufen nach ihnen ein und umging diesen Felsen, um von oben zu ihnen zu gelangen. Das Geschehen mit Bäri, meinem Hund, wollte ich nicht noch einmal herausfordern.

Als ich oben ankam, rief ich sie erneut mit ihren Namen. Gabi und Hansi drehten ihre Köpfchen nach mir um und stürzten sich beide zugleich in meine ausgestreckten Arme. Das war ein wirres Durcheinander!

Wie ich mich endlich zum Gehen anschickte, blieben die beiden an meiner Seite, wie es ein Hund nicht besser machen könnte.

Wieder stand das Bild vom guten Hirten vor meinen Augen. Er wartet auch mit offenen Armen auf uns Menschen. Wie gross muss seine Freude sein, wenn wir Menschen sein Angebot annehmen!

Hochsitz in der Tanne

Den kommenden Sommer verbrachten wir wieder auf der Alp Spycherberg oberhalb Innertkirchen. Unser Sohn Roger weilte noch einmal mit uns oben und natürlich Rahel, unsere Jüngste. Marcel begann zu dieser Zeit eine Lehre als Verkäufer.

An einem Abend, schon ziemlich spät, brach ein furchtbares Gewitter los. Kurze Zeit später hörten wir am Geläute, dass unsere ganze Herde Ziegen im Anmarsch war. Ein Wort kam mir in diesem Augenblick in den Sinn: „Andere Zuflucht habe ich keine." Wie war es doch so schön, dass unsere Tiere alle wussten, wo sie Zuflucht finden konnten! In der Regel blieben die Ziegen über Nacht immer weiter oben, wo sie die guten Kräuter fanden.

Wir eilten nach draussen und schlossen alle Ställe auf. Nun fanden die Ziegen den gesuchten Unterschlupf. Am nächsten Morgen war keine einzige Ziege mehr da. Wir hatten sie wohl im Schlaf nicht gehört, als sie sich aufmachten, um sich am Morgen in aller Frühe den Magen zu füllen, damit sie zum Melken wieder zur Stelle waren.

Roger war mir eine grosse Hilfe, denn ohne ihn konnten wir die Seilbahn nicht in Betrieb setzen. Es brauchte ziemlich viel Kraft, um den Basco-Motor anzukurbeln. Gerade war ich am Käsen, als ich das laute Rufen meines Sohnes hörte. Ich ging nach draussen und schaute mich nach ihm um, doch ich konnte ihn nirgends finden. Erst als er erneut rief, entdeckte ich ihn. Zu meinem Schrecken stand er zuoberst auf einer ungefähr dreissig Meter hohen Tanne.

Wie er so aufrecht da oben stand und nach mir rief, forderte ich ihn sogleich auf, sich festzuhalten. Das tat er und dann rief er: „Mueti, komm doch auch rauf."

„Nach dem Käsen", antwortete ich ihm.

Als ich mit der Arbeit fertig war, ging ich wieder hinaus. Für mich war das Klettern auf Bäume ja nichts Neues, der Wipfel war schnell erreicht. Oben angekommen prüfte ich erst den Sitzplatz, ob er auch fest und sicher genug war. In der Tat, er hielt! Zusammen setzten wir uns auf einen Ast, und da der Wind ziemlich stark wehte, schaukelten wir hin und her. Wenn man hier oben sass, konnte man die Sonne noch länger am Himmel sehen. Erst um zwanzig Uhr dreissig versank sie blutrot hinter den Bergen.

In diesem Sommer litten fast alle Rinder an einer sehr ansteckenden Krankheit, die nur mit Antibiotika behandelt werden konnte. Fast jeden Tag suchte ich sämtliche Rinder an ihren Hufen nach einer neuen Entzündung ab. Wir mussten immer sehr schnell handeln, denn wenn diese Krankheit, die wir Grippeli nannten, überhandnahm, mussten die Tiere geschlachtet werden.

Ein Rind, das der Eigentümer selber behandelte, vermissten wir schon seit ein paar Tagen. Als mein Sohn und ich nun auf diesem Hochsitz sassen, sahen wir plötzlich, wie sich eine Erle unter unserer Tanne heftig bewegte, so heftig konnte der Wind nun doch nicht sein. Wir vermuteten, dass es von einem Tier her kommen musste. In aller Eile kletterten wir hinunter, um nachzusehen.

Unsere Vermutung wurde bestätigt. Es war das vermisste Rind! Es musste fürchterliche Schmerzen haben, denn es knirschte dauernd mit den Zähnen. Das eine Bein war dick geschwollen und der Eiter floss aus einer tiefen Wunde. Nun versuchten wir mit aller Kraft, das arme Tier zur Hütte zu bewegen. Doch die Kuh rührte sich nicht vom Fleck, wie sehr wir uns auch Mühe gaben. Es war ein aussichtsloses Unterfangen.

Was nun? Vielleicht konnte Brita helfen? Brita war ein Haflingerpferd, das wir für einen Bauern sömmern durften. Wir eilten zur Hütte, holten das Pferd und spannten es vor die Kuh. Jetzt hiess es für Brita, alle Kraft einzusetzen, damit das sture Rind zur Hütte gebracht werden konnte. Schnell gab das kranke Tier seinen Widerstand auf und humpelte trotz der Schmerzen der Hütte zu. Brita wurde nach getaner Arbeit wieder ausgespannt und ging friedlich grasen.

Nun sah ich mir das kranke Bein der Kuh genauer an und stellte fest, dass die Maden, die geschlüpft waren, das Fleisch schon bis auf die Knochen in Eiter verwandelt hatten. Leider konnte dieses Tier nicht mehr gerettet werden. Am Tag darauf kam der Eigentümer mit einem Helikopter und das kranke Rind wurde zum Metzger ins Tal geflogen. Wehmütig sahen wir ihm nach und hofften und beteten, dass das kein anderes Tier mehr mitmachen musste. Gott erhörte unser Gebet, wir konnten im Herbst alle anderen Tiere gesund den Eigentümern zurückgeben.

Brita

Für unsere Kinder war das Haflingerpferd Brita in diesem Sommer eine schöne Abwechslung. Wenn sie mir einmal nicht helfen mussten, durften sie reiten. Brita war sehr geduldig, denn die Kinder brauchten manchmal mehrere Anläufe, bis sie auf dem Rücken landeten. Im Herbst mussten wir dann Abschied von den uns anvertrauten Tieren nehmen, auch von Brita. Der Eigentümer war sehr lieb mit diesem Pferd und so sahen wir auch keinen Grund, ihn zu begleiten. Brita wurde gehalftert und wir sahen ihnen nach, bis sie unseren Blicken entschwanden. Noch ein letzter Jauchzer und wir machten uns wieder an die Arbeit.

Doch kaum hatten wir die Hütte betreten, da hörten wir ein lautes Wiehern. Draussen sahen wir zu unserem Erstaunen das Pferd, das uns anschaute, wie wenn es sagen wollte: „Ich bleibe doch lieber bei euch."

Nun gab es also doch einen Grund, Brita bis zum Viehwagen zu begleiten. Willig liess sie sich von uns nach unten führen. Wir sahen ihr nach, bis der Pferdetransporter hinter der nächsten Kurve verschwunden war. Dann gingen wir allein zurück auf die Alp. Dieses Erlebnis war für mich ein Beweis mehr, dass die uns anvertrauten Tiere unsere Liebe zu ihnen spürten.

Die verbleibenden Tage ohne unsere Tiere hatten wir genügend Zeit, den Mist auszuführen und alles wieder auf Vordermann zu bringen. Die Zaunpfähle mussten ebenfalls ins Trockene gebracht werden. Da mein Mann bei dieser Arbeit mithalf, kamen wir schnell voran. Dazu kamen noch 750 Kilogramm Käse, die wir unter den Eigentümern der Ziegen aufteilen mussten. Wir benutzten die Seilbahn ein letztes Mal für den Transport der Käselaibe.

Als alle Arbeiten getan waren, sangen wir noch einmal ein Lied, das den Abschied von der geliebten Alp beschrieb. Was würde das kommende Jahr uns bringen? Das wussten wir nicht, doch eins ist sicher: „Seh' ich nicht mehr als nur den nächsten Schritt, mir ist's genug! Mein Herr geht selber mit" (Helga Winkel: „Herr, weil mich festhält deine starke Hand").

Was wollte ich mehr?

Wie Gott führt

Als wir in Meiringen wohnten, wollten wir gern den Wohnort wechseln, weil unsere Wohnung so klein war und mein Mann eine andere Stelle als Koch annehmen wollte.

Ich betete und fragte Gott, ob wir das tun sollten oder nicht. Die Heilige Schrift gab mir ganz klar Wegweisung, denn als ich sie aufschlug, las ich: „Was hilft's dir, dass du nach Ägypten ziehst und willst vom Nil trinken?" (Jeremia 2,18).

Dieses Wort gab ich weiter an meinen Mann und es bewahrheitete sich. Wir bekamen keine Wohnung dort und mein Mann keine Arbeit. Also blieben wir in Meiringen und warteten, bis es Zeit wurde, zu gehen. Ein oder zwei Jahre später bekam mein Mann eine Stelle und wir eine Wohnung in einem anderen Ort. Wieder bekam ich von der Bibel her eine Antwort. Ich wusste, dass wir gehen können, aber der Herr sagte mir auch: „Ich werde dich wieder herausholen."

Wir sollten in der Tat nur kurz dort bleiben. Meine Schwiegermutter, die herzkrank war, starb unerwartet an einem Herzinfarkt. Mein Schwiegervater wollte nicht alleine im Hause wohnen bleiben und bat uns, zu ihm zu ziehen. Mein Mann bekam innert kurzer Zeit eine Anstellung als Pyrotechniker in Oberried und so holte uns der himmlische Vater schon nach zwei Jahren wieder heraus, so wie er es mir gesagt hatte.

Der letzte Tag auf dieser Erde

Unser älterer Sohn Marcel liess sich zu meinem Erschrecken während der Ausbildung von einer Wahrsagerin die Zukunft voraussagen. Obwohl ich alle unsere Kinder vor diesem schrecklichen Tun gewarnt hatte, wollte er wissen, was er alles erleben würde. Als er nach Hause kam, erzählte er mir mit kummervoller Miene, dass die Wahrsagerin ihm gesagt hatte, dass er im Jahr 1984 sein Leben verlieren würde, entweder durch Unfall oder durch Drogen.

Was sollten wir nun machen? Er konnte mit dieser Last fast nicht mehr leben und die Situation belastete uns beide sehr. Dass ich diese Prophezeiung nicht glauben wollte und konnte, war verständlich, doch es änderte nichts an diesem Zustand. In dieser Situation betete ich innig für meinen lieben Sohn. Jedoch habe ich es unterlassen, einen erfahrenen Evangelisten um Hilfe zu bitten, damit wir diesen dunklen Mächten in Jesu Namen gebieten konnten.

Die Zeit verging. Bald schrieben wir das Jahr 1984. Es begann wie jedes andere Jahr. Unser Sohn wurde immer bedrückter und mir brach es fast das Herz, ihn so leiden zu sehen. Da er keine Drogen nahm, glaubte er an einen Unfall mit dem Motorrad. Ich riet ihm, einfach nicht mehr Motorrad zu fahren. Doch das wollte er nicht aufgeben und er fuhr weiter mit dem Motorrad zur Arbeit. Er bat mich: „Wenn ich einmal an einer

Wand klebe, sollst du nicht traurig sein, denn ich wollte ja fahren und es macht mir so viel Freude."

So verging die Zeit. Anfang Dezember besorgte Marcel Weihnachtsgeschenke für mich und seine kleine Schwester Rahel. Sie wünschte sich einen riesengrossen Teddy und Marcel kaufte ihn.

Am 10. Dezember war Marcel wieder mit seinem Motorrad unterwegs. Beim Glissibach in Brienz nahm ihm ein Linksabbieger auf der Hauptstrasse den Vortritt. Marcel trug von dem Unfall schwerste Verletzungen davon. Er erlitt einen doppelten Schädelbruch und wurde sofort nach Interlaken auf die Intensivstation gebracht. Am nächsten Tag musste er nach Bern ins Inselspital verlegt werden, weil es Komplikationen gab. Nun wusste ich, dass wir unseren Sohn verlieren würden. Ich konnte nur hoffen, dass er sich wirklich ganz für Jesus entschieden hatte, als er in Brienz eine Evangelisation des Janz Teams besucht hatte.

Dass ich es damals unterliess, mit dem Evangelisten zu sprechen, bedrückt mich noch heute sehr. Ich wusste um diese Notwendigkeit und tat es trotzdem nicht. Das Heimweh nach Marcel übernimmt mich immer noch sehr oft, obwohl ich weiss, dass es in der Ewigkeit ein Wiedersehen geben wird. Über den Wolken weit in der Herrlichkeit, weiss ich, dass Marcel sein himmlisches Heim gefunden hat. Dort oben werde auch ich in mein Heim, das für mich bereit ist, einziehen! Das muss dann Herrlichkeit, Herrlichkeit sein!

Wir Menschen sollten dunkle Mächte meiden. Das geht aber nur mit der Hilfe von unserem Herrn und

Heiland, der am Kreuz für uns sein Blut vergossen hat. Ob wir solchen Voraussagen Glauben schenken oder nicht, spielt keine Rolle. Jesus hat uns gewarnt und gesagt: „Es ist genug, dass jeder Tag seine eigene Plage hat" (Matthäus 6,34).

Negative Weissagungen über die Zukunft nehmen uns die Lebensfreude und wir fallen in Depressionen. Darum sollten wir die Worte aus der Bibel ernst nehmen und „bedenken, dass wir sterben müssen, auf dass wir klug werden" (Psalm 90,12).

Solange wir auf dieser Erde leben, müssen wir uns entscheiden, wem wir dienen wollen. Nach dem leiblichen Tod, in der Ewigkeit, wird es zu spät sein, das ist ein „zu spät" für immer. Ich sage es wie Josua damals: „Ich aber und mein Haus wollen dem Herrn dienen" (Josua 24,15). Am 15. Dezember 1984 mussten wir unseren Sohn der Erde überlassen. Am Grabe sang die Heilsarmee ein paar Lieder, die mir Kraft gaben, um weiterzugehen. Eines davon möchte ich hier wiedergeben:

Alles geht einmal vorüber

Alles geht einmal vorüber,
alles muss einmal vergehn,
was man festhält wird verwelken,
was uns einmal kostbar war.

Doch mein Weg, er führt nach oben,
zu der Stadt, die Gott erbaut.
Wo die Blumen nie verwelken,
wo man Herrlichkeit nur schaut.

Diese Welt kennt nur Enttäuschung,
raubt dir noch das letzte Stück,
was bleibt denn vom Leben übrig,
wenn wie Glas zerbricht dein Glück?

Meinen Bruder werd ich treffen,
meine Lieben werd ich sehn,
in der Stadt der goldnen Strassen
gibt's kein Auseinandergehn!

(Der Verfasser ist der Autorin nicht bekannt)

Der Tod meines geliebten Sohnes belastete mich sehr. Ich konnte nicht mehr schlafen, und wenn es doch einmal für eine Stunde gelang, war ich im Traum auf der Suche nach Marcel. Ich suchte ihn bergauf, bergab, in jedem Tal und auf jedem Berg, jedoch vergebens. Eines Tages sah ich im Traum ein Tal, in dem ich noch nie gewesen war. Nichts kam mir bekannt vor. Da sah ich auf einmal unseren Jungen, wie er auf seinem Motorrad sass und sich mit einem Bein abstützte. Er wartete, bis ich bei ihm war. Ich flehte ihn an, doch wieder mit mir nach Hause zu kommen. Doch er antwortete mir ganz lieb, aber bestimmt: „Ich werde nie mehr nach

Hause kommen." Ich ging dann im Traum allein und weinend wieder nach Hause. Von diesem Tag an suchte ich ihn im Traum nicht mehr. Aber ich hatte weiterhin Schlafstörungen.

Nicht auch mein zweiter Sohn!

Acht Monate später, im August, kam am Abend ein Telefonanruf aus dem Inselspital in Bern. Unser zweiter Sohn Roger hatte auch einen Unfall mit dem Motorrad gehabt. Er hatte sich einen doppelten Kieferbruch zugezogen. Der Arzt sagte mir, dass der Junge noch nicht bei Bewusstsein sei und wir mit dem Besuch bis zum nächsten Tag zuwarten sollten. Schockiert liess ich den Hörer fallen und musste mich erst hinsetzen, um das Gesagte zu verarbeiten. Mein Mann, der neben mir stand, fing den Hörer auf und sprach hinein. Er dankte dem Arzt für seine Hilfe und die Nachricht. Er erklärte, dass wir am nächsten Tag so früh wie möglich kommen würden. Meine Nerven, die schon ziemlich angeschlagen waren, spielten verrückt. Ich bat Gott, uns nicht auch noch den zweiten Sohn zu nehmen.

Am folgenden Tag machten wir uns früh auf, um den Jungen zu besuchen. Als wir das Zimmer betraten, war sein Gesicht so geschwollen, dass er uns ganz fremd vorkam. Nur an seinem Muttermal erkannte ich, dass es sich hier um unseren Sohn handelte. Nachdem er die Augen aufgeschlagen hatte, sah er uns verwirrt an und fragte: „Was ist denn passiert?" Wir erklärten es ihm, doch schon im nächsten Augenblick verlor er wieder das Bewusstsein. Das wiederholte sich noch etliche Male, bis er endlich wach blieb und verstand, was geschehen war.

Am Abend bat ich unseren himmlischen Vater erneut, uns doch diesen Sohn nicht auch noch zu nehmen. Als ich gegen Morgen endlich für ein oder zwei Stunden Schlaf finden konnte, träumte ich, dass ich mit dem Auto von Meiringen nach Brienz unterwegs war, als mir plötzlich Roger auf dem Motorrad entgegen fuhr und mir sagte: „Sei nur nicht so traurig, denn ich komme bald wieder nach Hause." Dieser Traum war so real, dass ich ganz sicher war, dass es stimmte. Roger musste sich noch mehreren Operationen unterziehen, bis sein Kiefer wieder ganz heil war, doch dann durfte er endlich nach Hause kommen. Ich freute mich sehr und ein heisses Dankgebet stieg zu unserem himmlischen Vater auf.

Mit den Nerven am Ende

Mit dem Schlafen ging es aber weiterhin nicht gut. Nach zwei Jahren ohne ausreichend Schlaf suchte ich einen Nervenarzt in Interlaken auf. Das kostete mich viel Überwindung. Der Arzt fragte mich, was denn geschehen sei, dass ich so lange nicht mehr richtig schlafen konnte. Ich erzählte es ihm und darauf untersuchte er mein Gehirn. Abschliessend meinte er: „Schlafen müssen Sie unbedingt." Er verschrieb mir ein Schlafmittel. Ich sollte jeden Abend eine Tablette nehmen, bevor ich ins Bett ging. Als ich am ersten Abend eine nahm, konnte ich nach etwa einer Stunde nicht mehr laufen. Mein Mann musste mich ins Bett tragen, so stark war dieses Medikament für mich, da ich sonst keine Medikamente nahm. Forthin reichte mir eine Vierteltablette aus.

Das ging dann etwa zwei Jahre einigermassen gut, bis das Kribbeln mit den Nerven wieder von Neuem begann und ich eine immer stärkere Dosis benötigte. Wieder ging ich zum Arzt und er sagte mir, dass ich süchtig geworden sei. Ich sollte das Medikament nicht mehr nehmen. Den Rest der Tabletten warf ich weg.

Da ich nun wieder keinen richtigen Schlaf finden konnte, ging ich zum Hausarzt. Dieser verschrieb mir Valium und meinte, dass mir das sicher eine Hilfe beim Absetzen der Schlafmittel sein würde. Als meine älteste Tochter nach Hause kam und die Tabletten sah, war sie ganz ausser sich und fragte: „Mami, wer nimmt solche

Tabletten?" Ich sagte es ihr und sie erzählte mir, dass Valium ein Einstieg in die Drogen sei. Diese Aussage reichte mir und ich warf auch diese Tabletten weg. Nun begann für mich die wahre Hölle. Ich konnte nicht schlafen, dazu gesellten sich starke Schwindel und meine Nerven lagen blank. Wenn ich mich am Abend ins Bett legte, litt ich unter Tachykardie mit einem Puls von 160. Natürlich konnte ich mit diesem Herzrasen erst recht nicht schlafen. Es wurde von Tag zu Tag schlimmer und ich wusste nicht mehr, was ich tun sollte.

Schliesslich ging ich in die Klinik nach Meiringen in der Hoffnung, dass mir dort vielleicht geholfen werden könne. Der Arzt sagte mir jedoch, ich sei zu spät zu ihm gekommen, er könne nichts mehr für mich tun.

Ich sah keinen Ausweg mehr. Unter diesen Umständen konnte und wollte ich nicht länger leben. Schliesslich fasste ich den Entschluss, meinem Leben ein Ende zu setzen. Da Rahel, unsere Jüngste an diesem Abend gerade Gitarre spielte, wollte ich damit warten, bis ich sie zu Bett gebracht hätte. Was sie spielte und sang, hörte ich gar nicht, obwohl ich sonst sehr stark auf schöne Lieder ansprach. Doch auf einmal sang sie ein Lied mit folgenden Worten:

Hast du Angst vor der Zukunft, hast du
Angst vor Kriegen und vor Kriegsgeschrei?
Hast du Angst, dass eines deiner Lieben
durch Tod von dir gerissen wird?

Doch Jesus sagt: Ich bin bei dir jeden Tag!

Von guten Mächten wunderbar geborgen,
seh ich getrost, was kommen mag,
Gott ist mit uns am Abend und am Morgen
und ganz gewiss an jedem neuen Tag!

(Strophe: Verfasser der Autorin nicht
bekannt; Refrain: Dietrich Bonhoeffer)

Bei diesem Lied horchte ich auf und ich fragte sie, woher sie es denn habe und weshalb sie es gerade jetzt gesungen habe. Rahel antwortete: „Ich habe es in der Heilsarmee gelernt und wollte es eigentlich zuerst auslassen, da es viele Barrégriffe hat, doch ich dachte mir, nein, es ist eine gute Übung. Deshalb spielte ich es."

Ich hatte genug gehört. Meine negativen Gedanken waren wie weggeblasen und ich war befreit. Wenn Gott jeden Tag mit mir ist, wie er verheissen hat, dann wollte ich mir nicht das Leben nehmen. Was hatte ich da nur für Gedanken gehabt. Nicht auszudenken, wie viele Tränen meine Lieben vergossen hätten, wenn ich den Gedanken in die Tat umgesetzt hätte! Das wollte ich auf gar keinen Fall. Endlich konnte ich wieder klar denken und entschied mich, einen Arzt aufzusuchen, der Christ ist.

Meine Suche war erfolgreich, ich fand gleich zwei und entschied mich für eine Ärztin. Bei meinem ersten Besuch in ihrer Praxis wurde mir Blut abgenommen. Die Untersuchung zeigte, dass es mir an sämtlichen Vitaminen, Calcium sowie Zink und Magnesium fehlte.

Mein Körper stand unter Stress und konnte keine Nahrung richtig aufnehmen. Damals wog ich nur 51 Kilo.

Nachdem ich begonnen hatte, zusätzlich Vitamine zu mir zu nehmen, ging es mit meiner Gesundheit wieder langsam aufwärts. Die Schwindelanfälle wollten jedoch immer noch nicht weichen, so sehr ich es mir auch wünschte. Die Entzugserscheinungen nahmen nur ganz langsam ab. Bis sie ganz verschwunden waren, dauerte es ungefähr dreissig Jahre. Seitdem sind sie nicht wiedergekommen. Ich kann Gott dafür nur danken, denn viele Menschen leiden das ganze Leben unter diesen Schwierigkeiten.

Ich war damals so nahe an einem Abgrund, doch Jesus war da und fasste mich bei der Hand, sodass ich nicht fiel.

Meine Rückenschmerzen

Ein schöner, heisser Sommerabend neigte sich dem Ende zu. Wir hatten viel Heu eingebracht und waren ziemlich müde. Zu Hause nahmen wir das wohlverdiente Nachtessen zu uns und legten uns zeitig zum Schlafen, da wir am nächsten Tag wieder heuen wollten. Auf einmal spürte ich meinen Rücken, der nach der schweren Arbeit stark schmerzte.

Ich meldete mich bei einem Rückenspezialisten an und kam zur genauen Abklärung in die Röhre. Nach der Untersuchung teilte mir der Arzt mit, dass mein Rücken so schlimm aussehe, dass es ein Wunder sei, dass ich noch nicht im Rollstuhl sitze. Er getraute sich nicht, noch etwas daran zu machen, denn er meinte, es wäre schon ein Risiko, nur eine Schmerzspritze zu verabreichen. Er empfahl mir zwar, noch einen anderen Arzt hinzuzuziehen, aber als ich diesem vorgestellt wurde, schüttelte er den Kopf und meinte, dass er da auch nichts mehr machen könne.

Die Schmerzen wurden immer schlimmer und ich hielt es fast nicht mehr aus. Die kleinste Bewegung tat so weh, dass ich fast nicht mehr arbeiten konnte. Was sollte ich nun tun? Da dachte ich an Jesus, der so vielen Kranken geholfen hatte, ja sogar unheilbare Krankheiten stellten für ihn kein Problem dar! Ich dachte an den Aussatz von Naaman (2. Könige 5) und den toten Lazarus, der nach vier Tagen im Grab dieses wieder gesund und munter verliess (Johannes 11,17–43).

Dann betete ich inbrünstig zu Gott, denn ich wusste, wenn ich irgendwo noch Hilfe erwarten konnte, dann von ihm. Es vergingen ein paar Tage und es passierte nichts, aber ich dachte in keinster Weise daran die Hoffnung aufzugeben. An einem Abend las ich wie jeden Tag in meinem Losungsbüchlein und da hiess es: „und die Tage deines Leidens sollen ein Ende haben" (Jesaja 60,20). Ich wusste sogleich, dass diese Worte für mich ganz persönlich galten. Es war mir, als hätte es jemand konkret zu mir gesagt. Ich war mir sicher, dass diese Worte, die ich hier gelesen hatte, in Erfüllung gehen würden. Ich liess meinen Tränen freien Lauf und bedankte mich bei meinem himmlischen Vater.

Am nächsten Morgen war es wirklich schon viel besser mit den Schmerzen und ich konnte meiner Arbeit ohne grosse Schwierigkeiten nachgehen. Am zweiten Morgen waren die Schmerzen kaum noch zu spüren. Und vom dritten Tag an waren die Schmerzen ganz weg. Durch ein Wunder wurde ich geheilt, die Schmerzen kamen nie wieder.

Paulus schreibt: „Freuet euch in dem Herrn allewege, und abermals sage ich: Freuet euch!" (Philipper 4,4). Nach dieser Erfahrung fiel es mir nicht schwer, mich zu freuen. Gott sei Lob und Dank und Anbetung!

Manchmal wundert es mich, dass wir so viele Probleme haben, zu glauben, dass Gott auch heute noch Wunder tut. Gott sagt doch: „Ich bin der Herr, dein Arzt" (2. Mose 15,26). Damit will ich niemanden davon abhalten, zum Arzt zu gehen, denn Gott hat Medizinern viel Weisheit gegeben, die wir als Geschenk annehmen dürfen. Aber wenn alles andere versagt, dann ist Gott immer noch da und wartet auf uns. Jesus sagt: „Alles, was ihr bittet im Gebet, wenn ihr glaubt, so werdet ihr's empfangen" (Matthäus 21,22).

Wer anderen hilft, wird selber froh

Als wir Kinder noch alle zu Hause waren, lehrte uns der Vater, dass wir in unserem Leben immer treu und hilfsbereit sein sollen. Wenn unsere Nachbarn am Heuen waren und Vater ein Gewitter aufziehen sah, rief er uns Kinder zusammen und verteilte Rechen und Gabeln, um unseren Nachbarn zu Hilfe zu eilen. So erfuhren wir schon früh, was der Spruch bedeutet: „Willst du glücklich sein im Leben, trage bei zu andrer Glück, denn die Freude, die wir geben, kehrt ins eigne Herz zurück."

Dies habe ich auch als Erwachsene nie vergessen. An einem schönen und heissen Sommertag, wir wohnten damals in Oberried, ging ich beim Schulhaus den steilen Weg zum Bahnhof hinauf, als ich einen älteren Mann am steilen Bort sah, der Heu zusammenrechte. Ich sah, dass er alle Mühe hatte, sich auf den Beinen zu halten. Da ich es gewohnt war, zu helfen, fragte ich ihn, ob ich das für ihn erledigen sollte. Er schaute mich von oben bis unten an und sagte kein Wort. So blieb er eine ganze Weile stehen und ich dachte schon, dass er mich wohl nicht verstanden habe.

Da fragte er mich ganz unverhofft, wer ich denn sei. Ich antwortete ihm und fragte ihn dann zum zweiten Mal, ob er meine Hilfe annehmen wolle. Mit seiner zitterigen Stimme erklärte er mir: „Ich bin jetzt so alt und habe immer hier gewohnt, aber mir hat noch nie in meinem ganzen Leben irgendjemand Hilfe angeboten."

Dann fügte er hinzu: „Wahrscheinlich ist das mein letzter Einsatz hier und diese Arbeit will ich noch beenden."

Das verstand ich und so verabschiedete ich mich mit den Worten: „Wenn Sie es doch nicht schaffen, so rufen Sie mich einfach an und ich komme dann und mache die Arbeit für Sie fertig." Es kam kein Anruf und ich vergass die Sache.

Als mein Mann an diesem Tag nach Hause kam, erzählte er, dass ein Bauer ihn gefragt hatte, ob er für ihn eine dicke Buche fällen könne, die einen Heuschober gefährdete. Es war ein Marchbaum[14], der sich zur Hälfte auf dem Grundstück des Bauern und zur anderen Hälfte auf dem Nachbargrundstück befand. Mein Mann sagte zu, doch hatte er gerade keine Zeit und wollte es an einem anderen Tag erledigen.

Ein paar Tage später erzählte mein Schwiegervater, dass ein alter Mann mir sein Land verkaufen wolle. Ich erwiderte, dass ich diesen Mann ja gar nicht kennen würde und dass wir kein Geld hätten, um das Land zu kaufen. Mein Schwiegervater antwortete: „Doch, du kennst diesen Mann, denn er sagte mir, dass du ihm beim Heuen helfen wolltest. Er wollte sein Land niemand anderem verkaufen als dir."

Ich traute meinen Ohren nicht, doch uns fehlte das Geld und ich vergass die Sache wieder. Der alte Mann aber liess nicht locker und kam ein paar Wochen wieder mit derselben Bitte zu meinem Schwiegervater. Da uns

---

14 Die March ist eine Flurgrenze.

immer noch das nötige Geld fehlte, schlug ich mir diesen Kauf aus dem Kopf. Doch der alte Mann war nicht davon abzubringen und bearbeitete meinen Schwiegervater aufs Neue. Mein Schwiegervater meinte, er wäre bereit uns zu helfen und wir könnten, da der Mann einverstanden sei, in monatlichen Raten bezahlen. So machten wir es.

Nun hatten wir Land genug, um Ziegen zu halten. Das war schon lange mein Wunsch gewesen. Die Freude war gross, als wir dann im Herbst darauf unsere ersten Ziegen kaufen konnten. Mein Vater hatte Recht gehabt, als er uns lehrte, unseren Mitmenschen zu helfen.

Durch diesen Kauf aber stand die berüchtigte Buche nun zur Hälfte auf unserem Land. Als mein Mann mit dem Bauer sprechen wollte, um diesen Baum noch vor dem Winter zu fällen, änderte der seine Meinung und sagte mit finsterer Miene, dass der Baum nicht gefällt werden solle. Diese Situation nahm bedrohliche Formen an und es schien, als würden aus Freunden Feinde.

Da nahm ich meinen Mann beiseite und sagte ihm, dass ich diese Sache unserem Vater im Himmel bringen wollte. Unser Gott hat Wege, wo wir keine finden können. Im Gebet brachte ich alles vor meinen Gott und wartete auf sein Eingreifen. Es dauerte gar nicht lange, da kam ein starker Sturm auf und am nächsten Morgen lag der grosse Baum geknickt am Boden. Die Streitereien waren geschlichtet.

So ist unser Gott! Jedes Mal wenn wir uns am Ende glauben, hat Gott tausend Möglichkeiten, um einzugreifen und ein Wunder zu tun. „Der Herr wird für euch streiten, und ihr werdet stille sein" (2. Mose 14,14). Dieses Wort hat sich auch hier bewahrheitet.

Wir meinen oft, dass wir mit unserem Tun oder mit Worten unser Ziel erreichen können, und müssen letztendlich erfahren, dass es nicht so ist. Unsere Kraft ist klein, denn wir sind vor unserem Gott nur ein kleines Staubkorn, das er aber unendlich liebt! Darum streitet er selbst für uns.

Die verlorene Brille

Mein ältestes Grosskind weilte in ihren Ferien eine Zeitlang bei uns. Sie war eine Frohnatur und wir unternahmen viel, wir kletterten auf Bäume, turnten und machten auch viele schöne Wanderungen, meistens im Laufschritt, weil sie sehr darauf bedacht war, die vorangehenden Leute zu überholen. Solange ich noch fit war, machte ich mit. Es war für mich schon von klein auf schön, immer so schnell wie möglich zu springen und mich in der Natur zu bewegen.

Einmal verbrachten wir einen schönen Tag auf dem Spielplatz in Interlaken. Ihr helles Lachen brachte die Freude zum Ausdruck, die sie auf diesem Spielplatz empfand. Ich habe dieses frohe Lachen noch heute in den Ohren, es war einfach wunderschön mit ihr zusammen zu sein.

Am Abend nach so einem anstrengenden Tag brachte ich die Kleine zu Bett. Sie nahm ihre Brille ab und legte sie auf ihren Nachttisch. Ich betete mit ihr, deckte sie zu und gab ihr noch einen Kuss. Bald darauf konnte ich an ihrem Atem hören, dass sie eingeschlafen war.

Am nächsten Morgen riefen wir zum Frühstück, doch die Kleine kam nicht. Als sie endlich erschien, trug sie keine Brille.

„Wo in aller Welt hast du denn deine Brille gelassen?", fragte ich. „Ich habe sie eben gar nirgends finden können", war ihre Antwort. „Komm, setz dich an den Tisch und iss mal eben etwas, vielleicht kannst du sie nachher finden", erwiderte ich.

Doch auch nach dem Frühstück war die Brille nirgends zu entdecken, trotz meiner Hilfe. Ich nahm das ganze Bett auseinander und sogar die Matratze kehrte ich um, doch unsere Mühe war vergebens. Ich machte mir ernstliche Gedanken, denn die Brille war sehr teuer gewesen und mein Sohn verdiente nicht sehr viel.

Da sagte ich zu meiner Kleinen: „Ich weiss noch einen Weg, um diese Brille zu finden. Weisst du, unser Vater im Himmel sieht sie und kann uns sagen, wo wir suchen müssen, das habe ich nämlich schon einmal als Kind erlebt." Ich erinnerte mich an die Geschichte mit der Armbanduhr, bei der es auch unmöglich schien, sie zu finden.

Gesagt getan. Wir knieten neben dem Bett nieder und baten den Vater, uns doch zu sagen, wo wir suchen müssen. Als ich so innig flehte, hörte ich eine Stimme ganz deutlich: „Such doch zwischen dem Bezug und dem Kopfkissen."

Ich glaubte, nicht recht gehört zu haben, denn wie konnte ein Gegenstand, der auf dem Nachttisch lag, in so einen Bezug hineingeraten? Aber ich stand auf und sah nach. Sie war da. Ich glaube kaum, dass wir ohne Gottes Eingreifen dort nachgeschaut hätten. Erst wenn ich nach Wochen das Bett für einen neuen Besucher frisch bezogen hätte, wäre sie zum Vorschein gekommen. Wir dankten zusammen für diese Botschaft und das Kind setzte seine Brille wieder auf. Es war für uns beide eine wunderbare Erfahrung, die unseren Glauben neu stärkte.

Michaela

Zum Abschluss möchte ich noch die Geschichte von Michaela erzählen. Doch halt, am besten lasse ich sie selbst zu Wort kommen:

Ich bin ein junges Lama. Der Tag meiner Geburt ist da! Meine Mutter hat eine schwere Geburt. Nicht etwa, weil ich zu schwer bin, nein, eines meiner Vorderbeine bleibt hinter dem Beckenknochen stecken. Nun bin ich schon eine ganze Weile mit dem Kopf und dem Hals draussen, aber ich stecke fest. Meine um ein Jahr ältere Schwester versucht, mich am Ohr herauszuziehen. Aua, das tut weh!

Nun kommt die Frau, die meine Mutter liebt und pflegt. Ich bin froh, vielleicht kann sie mich aus dieser misslichen Lage befreien. Meine Mutter ist meistens auf Abstand und darum fürchte ich, dass sie die Frau nicht an sich heranlässt. Doch meine Befürchtungen sind unnötig. Mutter bleibt stehen, sicher spürt sie, dass die Frau helfen will. Diese Frau und ihr Grosskind, das mit ihr gekommen ist, versuchen nun an mir zu ziehen, doch vergeblich. Dann kommt die Frau mir mit ihrer Hand zu Hilfe und kann mein zweites Bein lösen. Endlich, nach stundenlangem Warten, komme ich mit meinem ganzen Körper auf diese Erde.

Normalerweise kann ein Lama sofort stehen und sich an der Muttermilch laben, ich jedoch nicht, das Aufstehen ist mir unmöglich. Die Frau hat dies sofort erfasst. Dieweil meine Mutter Hafer frisst, melkt die Frau meine Mutter und reicht mir dann die dringend nötige Milch aus einem Fläschchen. Es ist für mich etwas ungewohnt, aus dieser Flasche zu trinken.

Nach dieser Nahrung fühle ich mich schon etwas stärker, aber das Aufstehen macht mir immer noch zu schaffen und so muss ich liegen bleiben, bis die Frau wiederkommt, um mich erneut zu füttern. Alle vier bis fünf Stunden bekomme ich nun meine Flasche mit einem Teil Ziegenmilch, einem Teil Kamillentee und einem Teil Muttermilch. Auch in der Nacht füttert mich diese Frau.

Nach gut einer Woche nimmt sie mich auf die Arme und bringt mich in ihr Auto. Im Kofferraum habe ich mit meinem langen Hals eine gute Sicht und betrachte neugierig die Gegend. Bei einem Haus werde ich ausgeladen und zu einem Mann in weisser Schürze gebracht. Dieser Mann gibt mir eine Spritze, weil durch mein langes Steckenbleiben während der Geburt meine Lunge strapaziert wurde. Ausserdem gibt er mir noch die nötigen Vitamine.

Die Frau trägt mich nach diesem Besuch wieder in ihr Auto zurück. Als wir anhalten, höre ich schon meine Mutter, wie sie nach mir ruft. Die Frau trägt mich hoch und versucht, mich neben meiner Mutter auf die Beine zu stellen. Oh Wunder, ich kann tatsächlich zum ersten Mal in meinem Leben auf meinen Beinen stehen!

Der Mann mit der weissen Schürze hat mir sehr geholfen und ich bin ihm dankbar. Ein grosses Dankeschön gilt dieser lieben Frau, die ihre Zeit geopfert hat, um mir das Leben zu retten. Wenn ich einmal selber Mutter bin, kann ich Ihnen vielleicht wieder eine Geschichte erzählen, wie es mir dabei ergangen ist.

Wie ein Edelstein

Mein Mann ist Hobbystrahler, so nennen sich die Menschen, die in den Alpen nach Mineralien und Kristallen suchen. Die funkelnden Steine faszinieren ihn, doch lange suchte er vergebens nach den verborgenen Schätzen in den Bergen. Meine Schwester und ich hatten jedoch kleine Kristalle auf unserer Alp Unterbalm entdeckt und ich führte meinen Mann an diese Stellen. So fand er die ersten kleinen glitzernden Kristalle. Wie und wo er suchen musste, forschte er in den Büchern, die verschiedene Fundstellen beschrieben.

Mit der Zeit brachte er sehr viele solch schöne Steine mit nach Hause. Viele Strahler liessen ganz kleine Kristalle achtlos liegen, weil sie nicht viel darstellten. Mein Mann nahm aber auch solch kleine mit nach Hause, wo er sie mir gab, damit ich sie mir genau ansehen konnte. Den meisten sah man an, dass es Kristalle waren, andere hingegen wollte ich wegwerfen, denn sie wirkten wie ein Klumpen Dreck. Als ich ihm meine Absicht kundtat, meinte er: „Warte ab, vielleicht braucht er etwas Säure, dann wirst du sehen, was daraus wird!"

Als mein Mann alle Steine gewaschen hatte, kam die Schönheit zutage, die ein klarer Bergkristall zu bieten hat. Bei dieser Begebenheit wanderten meine Gedanken wie schon so oft zum guten Hirten. War das soeben Erlebte nicht mit einem Menschenleben zu vergleichen? Unter seinen kundigen Händen bringt Gott viele

Edelsteine zustande, wie man sie sich nicht schöner ausdenken kann – Menschen, die sich reinigen lassen, nicht mit Wasser, sondern mit dem teuren Blut unseres Herrn Jesus Christus. Ein wunderbares Beispiel ist Paulus. Aus dem Christenverfolger wurde ein Bote Gottes!

Gott sagt: „Heute, wenn ihr meine Stimme hört, so verstockt eure Herzen nicht" (Hebräer 3,15). Wenn wir seinem Ruf folgen, wird wahrer Friede in unsere Herzen einkehren.

Ein Weihnachtslied (vermutlich von Daniel Webster-Whittle und Ernst Heinrich Gebhardt), das ich sehr gerne mag, drückt dies aus:

Keinen Raum

Keinen Raum fand Jesus hier auf Erden,
als er kam vom hohen Himmelsthron
...
Keinen Raum! – Ist's heute anders worden?
Findet er in deinem Herzen Raum?
Hast auch du vor lauter ird'schen Sorgen
für den lieben Heiland keinen Raum?
Nur wer Jesus auf- und angenommen,
findet Raum dereinst im Himmelssaal.

Jesus sagt: „Wer zu mir kommt, den werde ich nicht hinausstossen!" (Johannes 6,37). Das ist die schönste

Botschaft für mich. Durch meine guten Taten werde ich nicht gerecht, nur durch Gnade, unverdiente Gnade. So darf ich aus Erfahrung wie Otto Block sagen: „Das war der schönste Tag, den Gott mir jemals gab, als Jesus in mein dunkles Erdendasein kam!"

NACHWORT

Vieles habe ich in diesem Büchlein aus meinem Leben erzählt. Ich bin nun 74 Jahre alt und frage mich, wo die Zeit geblieben ist. Es war ein Leben mit viel Freud und Leid.

Manchmal übernimmt mich das Heimweh nach meiner lieben Alp. Doch dann kann ich sie, wann immer ich will, besuchen. Was früher zwei Stunden dauerte, kann man heute, dank einem Auto ganz schnell erreichen. Die letzten zwanzig Minuten muss man allerdings zu Fuss gehen, denn bis ganz nach oben geht es mit dem Auto auch heute noch nicht.

Durch meine Arbeit habe ich ganz praktisch gelernt, was einen guten Hirten ausmacht. Und ich weiss auch, wie eine Ziege oder ein Schaf dem guten Hirten folgen und an ihm hängen.

Möge der Herr Ihnen und mir helfen, ihm jeden Tag zu vertrauen wie ein Schaf, das sich bei seinem Hirten geborgen weiss:

„Der Herr ist mein Hirte, mir wird nichts mangeln" (Psalm 23,1).

Danksagung

Als Erstes danke ich meinem Gott für seine stete Begleitung in meinem Leben.

Ganz herzlich danke ich meiner Familie für alle Hilfe und ihre Liebe, meiner Mutter, meinem Vater, meinen Geschwistern, meinem Mann und unseren Kindern. In diesem Buch erzähle ich auch von euch, ihr habt mein Leben reich gemacht.

Frau Löhe und die Edition Wortschatz aus dem Neufeld Verlag haben mir dabei geholfen, dieses Buch zu veröffentlichen. Vielen Dank dafür! Ich danke auch meiner Lektorin Christiane Kathmann ganz herzlich für Ihre wertvolle Unterstützung. Sie hat wesentlich dazu beigetragen, dass das Buch so zustande kam, wie es nun vor Ihnen liegt!

Und nicht zuletzt danke ich Ihnen, meine lieben Leser, für Ihre Zeit. Ich hoffe, das Buch hat Ihnen gefallen.

Nachweise und Quellen

Die Autorin dankt den Rechteinhabern für die freundliche Genehmigung des Abdrucks der Texte. In einigen Fällen waren die Inhaber der Rechte trotz aller Bemühungen nicht festzustellen oder erreichbar. Für diesbezügliche Hinweise sind wir dankbar.